"新财经"课程思政系列丛书

会计学
课程思政案例集

主　编　谭洪涛
副主编　邓博夫

西南财经大学出版社
Southwestern University of Finance & Economics Press
中国·成都

图书在版编目(CIP)数据

会计学课程思政案例集／谭洪涛主编．—成都：西南财经大学出版社，2022.5
ISBN 978-7-5504-5045-5

Ⅰ.①会… Ⅱ.①谭… Ⅲ.①思想政治教育—教案(教育)—高等学校 Ⅳ.①G641

中国版本图书馆 CIP 数据核字(2021)第 175470 号

会计学课程思政案例集

主　编　谭洪涛
副主编　邓博夫

责任编辑：李晓嵩
责任校对：王甜甜
封面设计：何东琳设计工作室
责任印制：朱曼丽

出版发行	西南财经大学出版社(四川省成都市光华村街 55 号)
网　　址	http://cbs.swufe.edu.cn
电子邮件	bookcj@swufe.edu.cn
邮政编码	610074
电　　话	028-87353785
照　　排	四川胜翔数码印务设计有限公司
印　　刷	四川五洲彩印有限责任公司
成品尺寸	185mm×260mm
印　　张	9
字　　数	152 千字
版　　次	2022 年 5 月第 1 版
印　　次	2022 年 5 月第 1 次印刷
印　　数	1— 2000 册
书　　号	ISBN 978-7-5504-5045-5
定　　价	29.80 元

出版说明

为深入贯彻落实习近平总书记关于教育的重要论述和全国教育大会精神，贯彻落实中共中央办公厅、国务院办公厅《关于深化新时代学校思想政治理论课改革创新的若干意见》，把思想政治教育贯穿人才培养体系，全面推进高校课程思政建设，发挥好每门课程的育人作用，提高高校人才培养质量，教育部印发了《高等学校课程思政建设指导纲要》（以下简称《纲要》）。《纲要》指出，全面推进课程思政建设是落实立德树人根本任务的战略举措。培养什么人、怎样培养人、为谁培养人是教育的根本问题，立德树人成效是检验高校一切工作的根本标准。课程思政建设是全面提高人才培养质量的重要任务。

为全面贯彻新时代党的教育方针，落实立德树人根本任务，国家教材委员会印发了《习近平新时代中国特色社会主义思想进课程教材指南》，明确要求把习近平新时代中国特色社会主义思想有机融入课程教材。《“党的领导”相关内容进大中小学课程教材指南》首次就“党的领导”相关内容融入课程教材作出整体设计，对深入推进习近平新时代中国特色社会主义思想进教材、进课堂、进头脑具有重大意义。

根据相关文件精神，西南财经大学于2021年成立课程思政研究中心。为切实落实本科专业类教学质量国家标准和一流专业建设的基本要求，充分发挥教材在课程思政建设中的关键作用，打造课程思政精品教材体系，西南财经大学课程思政研究中心组织金融学院、保险学院、经济学院、工商管理学院、会计学院、财政税务学院、统计学院、经济信息工程学院、法学院、国际商学院、公共管理学院、经济数学学院、经济与管理研究院等出版了课程思政系列丛书（以下简称“丛书”）。

丛书以习近平新时代中国特色社会主义思想为指导，紧紧围绕教学导向“准”、育人格局“全”、思政元素“齐”、覆盖范围“广”、教学团队“强”的目标，围绕国家、区域以及学校课程思政建设的发展要求，深入挖掘各类课程和教学方式中蕴含的思想政治教育资源，致力于加快构建中国特色哲学社会科学学科体系、学术体系、话语体系，帮助学生了解经管类学科专业知识和行业领域的国家战略、法律法规和相关政策，引导学生深入社会实践、关注现实问题，培育学生经世济民、诚信服务、德法兼修的职业素养。丛书以案例集、教学指南等形式，教育引导学生把国家、社会、公民的价值要求融为一体，提高个人的爱国、敬业、诚信、友善修养，自觉把小我融入大我，不断追求国家的富强、民主、文明、和谐，倡导社会的自由、平等、公正、法治，将社会主义核心价值观内化为精神追求，外化为自觉行动；教育引导学生深刻理解中华优秀传统文化中讲仁爱、重民本、守诚信、崇正义、尚和合、求大同的思想精华和时代价值；教育引导学生传承中华文脉，富有中国心、饱含中国情、充满中国味；教育引导学生深刻理解并自觉践行各行业的职业精神和职业规范，增强职业责任感，培养遵纪守法、爱岗敬业、无私奉献、诚实守信、公道办事、开拓创新的职业品格和行为习惯，着力培养具有社会责任感、创新精神和国际视野的财经领域卓越人才。

丛书涵盖西南财经大学国家级重点学科和一流本科专业，作者包括西南财经大学国家级教学团队成员和其他资深教师。丛书经过作者反复斟酌研讨、倾力编撰而成，将思想政治教育寓于教学之中，让学生在学习专业知识的同时，增强“四个意识”，坚定“四个自信”，自觉做到“两个维护”，深入推进习近平新时代中国特色社会主义思想进教材、进课堂、进头脑。

西南财经大学课程思政研究中心

前言

习近平总书记指出：培养什么人，是教育的首要问题。我们的教育必须把培养社会主义建设者和接班人作为根本任务。我们要努力构建德智体美劳全面培养的教育体系，形成更高水平的人才培养体系。教师要围绕这个目标来教，学生要围绕这个目标来学。因此，立德树人的成效是检验高校一切工作的根本标准。课程思政就是要用好课堂教学这个主渠道，将立德树人贯彻到教学全过程、全方位、全员之中，从专业知识中挖掘思政元素，在课程教学中有机融入理想信念和精神品格教育，将显性教育和隐性教育相统一，形成协同效应，构建“三全育人”大格局。因此，课程思政必须解决专业教育和思政教育“两张皮”的问题，寓价值观引导于知识传授和能力培养之中，引导学生自觉地将自身成长融入社会发展、国家进步之中，激发学生树立高远的志向，培养敢于担当、不懈奋斗的精神，肩负起民族复兴的时代重任。

会计学课程是西南财经大学建校以来延续至今的大学科基础课程。该课程最早是由我国会计师制度的创始人、中国首位注册会计师、著名会计学家谢霖教授创设和主持的。该课程的思想、理论与方法帮助西南财经大学为国家和民族孕育与培养了一批批高水平财经人才。作为大学科基础课程，会计学是每一名经管类本科生最早接触的专业课之一。该课程需要培养学生的专业视野，使学生掌握会计的基本理论和方法，打好经济理论学习和实践的基本功；需要帮助学生树立正确的职业道德，使学生形成正确的商业伦理和职业价值观；需要从经济管理的角度强化学生的家国情怀和世界眼光，形成关注企业、行业和国家经济发展动态的意识，深入领会人类命运共同体的战略思想；需要构筑严谨、认真、追求卓越的科学精神，养成求真、务实、勇于担当的人文情怀，并自然地树立起对于新时代中国特色社会主义的道路自信、理论自信、制度自信和文化自信。

长期以来，会计学课程组以立德树人为根本宗旨，紧密结合国家发展需求，将专业研究与国家重大需求相结合，成果丰硕，形成了专业理论案例库、实务操作案例库、商业伦理和职业道德案例库三大基础案例库，并积累了大量丰富且生动的课堂教学和课后自主学习案例。会计学课程组相信，案例教学是课程思政最生动、最具生命力的载体之一，选择什么样的案例就传递了什么样的专业知识，采取什么样的视角对案例进行解读就传递了什么样的价值观。基于此，会计学课程组在提高思想站位重塑课程教学大纲的基础上，以自我革新的态度将挖素材、找角度、转思维、重提炼、补短板等多种方式相结合，重构了会计学课程思政案例库。本书选取了案例库中一些具有代表性的课程思政案例，相信这些案例不仅可以为师生提供一定的参考，而且可以深刻体现西南财经大学扎根中国大地办教育的决心。

本书的编写，得到了西南财经大学教材委员会的大力支持，得到了西南财经大学教务处、教师发展中心和会计学院教材编审委员会的大力支持，在此表示衷心感谢。

由于编者水平有限，加之时间紧迫，疏漏在所难免，恳请读者批评指正。

谭洪涛

2021年8月31日

于柳林校园

目录 CONTENTS

第一章
会计信息系统

缘起何时，走向何方

——中国的会计道路、理论、制度与文化

谭洪涛

一、案例概况

1. 案例针对对象

本案例针对对象为全校本科一年级学习大学科基础课程会计学的学生。

本案例适用章节为《会计学》（第九版，赵德武主编）① 第一章会计系统。适用的教学内容为会计的起源和发展。

2. 案例教学目标

通过学习该案例应达到以下目标：

知识目标：帮助学生理解经济发展与会计起源和产生的内在逻辑，特别是对比西方文明和中华文明中会计制度的起源、会计文明的形成，从而帮助学生更加深入地理解今日中国的会计理论建设和会计道路选择的意义，并引导学生思考和理解为何“经济越发展，会计越重要”。

能力目标：帮助学生理解经济发展与会计起源和产生的内在逻辑，特别是对比西方文明和中华文明中会计制度的起源、会计文明的形成，从而引导学生学会从制度演进的视角思考会计作为一种社会经济制度是如何演进与发展的。

---

① 首届全国优秀教材，“十二五”普通高等教育本科国家级规划教材。

价值目标：正如习近平总书记所指出的，教育的根本任务是立德树人，我们不能割裂专业知识的传授和思想品德的教育之间的有机关系。本案例教学的价值目标就在于，在介绍现代西方会计以复式记账法为特征的意大利起源论的基础上，介绍中华文明中的官厅会计以及商业会计的发展，帮助学生感受中华文明的源远流长以及其中蕴含的丰富商业文明和会计文明。今天，中国的会计人在中国共产党的领导下正在走一条自己的道路，致力于建立与中国特色社会主义制度相适应的会计制度。中国会计人也在用中国的会计理论与经验反哺国际会计的发展。基于以上内容的讲解，我们希望通过本案例最终帮助学生树立道路自信、理论自信、制度自信、文化自信。

二、案例正文

1. 世界范围内会计文明的起源

在本案例的开始，需要介绍世界范围内会计文明的起源。教师应首先介绍当前最新的考古证据以及学术界达成共识的世界会计文明最早的发源时间和发源地，即向学生介绍会计起源于两河流域的美索不达米亚平原。罗布森（Robson，1992）认为，在公元前 3100 年至公元前 539 年期间的两河文明中，大概在公元前 1000 年，美索不达米亚平原就出现了专职会计。

进一步的考古证据表明，古代伊朗（阿契美尼德王朝，公元前 553—公元前 334 年）也出现了专职的会计簿记人员以及专职的审计人员（Oldroyd et al.，2008）。

这样讲解的意义在于打破西方商业文明核心论。以往的教科书在介绍现代商业文明的起源时，总是以文艺复兴时期为起点，自然现代会计文明也以文艺复兴时期的意大利为起点。卢卡·帕乔利第一个将复式记账法记录进了文献之中，并传播到了世界各地，其本人也被誉为“现代会计之父”。以复式记账法作为现代会计的标志，将意大利作为现代会计的起源地本身并没有问题，然而，这往往容易让学生误以为会计的起源地为意大利，并错误地把卢卡·帕乔利作为“会计之父”。事实上，全球不同的文明，只要有商业活动，就必然内生会计制度与文明。因此，本部分的讲授首先就是要破除学生的思维惯性。

紧接上部分，教师接下来介绍现代会计的起源，即文艺复兴时期的意大利商业活动与复式记账法的产生。

本部分帮助学生明确文艺复兴时期商业文明产生的政治和文化背景。

1453 年 5 月 29 日，信奉伊斯兰教的奥斯曼帝国攻陷君士坦丁堡，东罗马帝国（Byzantine Empire）灭亡。欧洲的封建制度摇摇欲坠，区域之间的经济交往变得越发频繁。意大利地中海沿岸的商业兴起，为文艺复兴和资本主义萌芽的产生奠定了经济基础。早在君士坦丁堡破城之前（14 世纪末），东罗马的许多学者带着大批的古希腊和古罗马的艺术珍品以及文学、历史、哲学等书籍，纷纷逃往西欧地中海沿岸（包括意大利等地区）避难，由此点燃了地中海沿岸的文艺复兴之火。

公元 13 世纪到 15 世纪，地中海沿岸的一些城市，如威尼斯、热那亚、佛罗伦萨等，手工业、商业和金融业较为发达，产生了资本主义的萌芽，成为推动会计发展的重要因素，出现了较为科学的借贷复式记账法。

在介绍了意大利文艺复兴的政治和经济背景以后，教师可以介绍意大利商业文明孕育的经济文明，之后介绍“现代会计之父”卢卡·帕乔利生平以及他的著作《算术、几何、比与比例的概要》。该书出版于 1494 年，第一次系统地介绍了复式记账法，为复式记账法在欧洲的传播奠定了基础。因此，卢卡·帕乔利本人也被誉为“现代会计之父”。

在介绍完以上部分以后，教师开始介绍中华文明的会计起源，并向学生提供以下四种观点作为参考：

其一，关于“会计”命名起源于夏朝之说。《史记·夏本纪》：“自虞夏时，贡赋备矣。或言禹会诸侯江南，计功而崩，因葬焉，命曰会稽，会稽者，会计也。”这一说法在《管子》《墨子》《吕氏春秋》《淮南子》《越绝书》《吴越春秋》等书中都有记载。

笔者认为，无论是从政治（封建制度）、经济背景（少量商品交换）、文字产生（甲骨文）方面，还是根据司马迁《史记》中的记载分析，都很难将现代会计的起源追溯到夏代。

其二，关于“会计”命名起源于西周之说。西周时期，奴隶社会发展至鼎盛时期，农业、手工业、畜牧业以及商业的发展更成熟，货币的交换开始变得更加平常。《周礼》详细记载了西周王朝的财务与簿记报告，即“上计制度”。所谓“上计制度”，是指官厅的财务报告与审计制度。官厅通过该制度考核官吏，将簿记与人口报告提交上级官员、诸侯乃至天子阅览。

据《周礼》记载，西周时期就出现了“会计”一词，并设有专门核算周王朝财赋收支的官职——司会，其定期对宫廷的收入和支出实行“岁计”“月会”。《周礼·天官冢宰·宰夫》记载：“岁终，则令群吏正岁月。月终，则令正月要。旬终，则令正日成，而以考其治……一曰正，掌官法以治要。二曰师，掌官成以治凡。三曰司，掌官法以治目……”

其三，关于“会计”命名起源于春秋时期之说。此部分重点介绍春秋时期齐国的国家制度与商业文明。教师可以向学生提供如下历史资料：《史记·平准书》记载“通轻重之权，徼山海之业”（盐铁专卖）；《史记·平准书》记载“九府圜法，轻重九府呻”（统一货币发行）；《史记·管晏列传》记载“通货积财，富国强兵”（鼓励工商业）。

其四，关于“会计”命名起源于战国时期之说。此部分重点介绍战国时期商业文明已经极度繁荣，地域性政治藩篱的破除为会计文明的产生提供了土壤。《周礼》和《孟子》两部著作都出现了“会计”一词。《孟子·万章下》记载：“孔子尝为委吏矣，曰：会计当而已矣。”

通过以上介绍，教师可以帮助学生树立中华文明内生地产生了会计文明的观念，彻底破除商业文明、会计文明的西方起源论，为后面讲解中华文明会计实践和理论发展奠定基础。

2. 中华文明背景下官厅会计与商业会计的发展

自公元前221年秦灭六国以来，中华文明进入了漫长的以中央集权制度为基础的“大一统”时代。虽然在这个时代，中华文明也曾存在短暂的分裂，但是长期统一的王朝依然是时代的主流。这与以欧洲为主体的西方文明是有着本质区别的。原因在于公元476年西罗马帝国灭亡后，欧洲文明陷入长期的中世纪分裂状态，政治制度则从帝国制度过渡到封建制度。由此可见，中华文明的制度基础是由分裂的封建制度转向“大一统”的中央集权制度，而欧洲则是从统一的罗马帝国制度转向了分裂的封建制度。

在“大一统”的中华文明背景下，完善的政治制度和社会制度孕育了中华文明中的商业文明，会计实践和理论都得到了很好的发展，中华文明渐渐形成了自成体系的会计核算方法。其中，为官方财政管理服务的官厅会计和为民间商业文明服务的商业会计均得到了充分的发展。官厅会计被今日的会计学家公认为古典会计的最高峰。

从迈克尔·查斯菲尔德在《会计思想史》中提出会计文明发展的前提条件的角度来看，中华文明的会计蓬勃发展离不开中华文明计算系统以及文字书写系统的完善。为了帮助学生理解这一点，教师可以给学生展示来自《清明上河图》中的一个非常有意思的证据，即在宋朝的时候，我国已经出现了与今天的算盘没有太大区别的计算工具，而且可以看见使用这种计算工具的这家商铺的名称叫做“赵太丞家”。

同时，教师还应为学生展示，在引进阿拉伯数字以前，中国也独立发展出来了非常好的计数方法。例如，在江浙地区，我国出现了“苏州码子”，这种本土的计数方法在我国部分地区沿用至今。例如，我们在广州和香港的一些茶餐厅依然可以见到用“苏州码子”来标价的菜单。

为了进一步增强学生对于中华文化的认同感，教师可以继续给学生们提供以下“证据”：

中国人也发展出了一套快速准确的筹算加减法。考古出土的公元前305年的战国竹简就给出了完整的乘法表。南北朝时期的《孙子算经》则根据“九九表”制定了筹算乘法和除法的规则。

筹算的巅峰应用出现在元代。朱世杰（1249—1314）在《四元玉鉴》中给出了特定四元高次方程组解法，即用筹算逐次消元后化为一元高次方程求解。

在做好以上知识背景介绍以后，我们就可以开始介绍中国古典会计的发展历程了。

秦朝建立了中央集权制度，出现了定式简明会计记账方式，“出”和“入”作为记账符号已在秦代一致通用。

汉朝是我国古代经济发展的一个高峰。汉朝初期设立了治粟内史，主管国家财计，汉景帝时将该官职改为大农令，汉武帝时将该官职改为大司农。汉武帝时还设立少府，掌管皇家财政和宫廷庶务。汉朝建立了三年一“上计”的制度，单式会计记录方法形成定式，记录格式已经较为固定划一，“出”“入”作为记账符号已一致通用。

唐朝是我国单式记账的完善时期，唐朝官厅仍以“出”“入”为记账符号，但记账符号已能根据具体内容而加以灵活运用。唐朝有专门的法律规定，会计报告、记账都要按期送达，否则治罪。

秦汉至隋唐时期会计的文化特征如下：汉朝和唐朝是我国封建经济繁荣时期，随着封建经济的发展，会计记录方法和会计分析方法得到很大改进，会计记录方法越来越固定；会计信息观念得到确立，法制思想得到完善，对会计人员的要求也越来越高。但是，会计簿记缺乏理论指导和依据。

宋朝发明了世界上最早的货币——“交子”，促进了商品流通、商贸经济及会计的发展。宋朝的《会计录》有力地促进了会计核算和分析思想的发展。宋朝时“四柱结算法”已成熟，宋朝的会计报告分日报、月报、季报、年报等，并按规定时间如实填报。宋朝四柱式会计报告通过“旧管+新收-开除=实在”这一公式加以总结，既可以检查日常记录的正确性，又可以分类汇总日常会计记录，起到了全面、系统、综合反映问题的效果。在宋朝，民间有许多“收”“支”等记账符号，产生了账簿思想。宋朝建立了我国历史上第一个独立的会计政府组织——“三司会计司”，负责总核天下财赋收入，提高了会计机构的地位。

元朝基本沿袭了旧制，“四柱结算法”得到更加广泛的运用。元朝设立行省制，有利于加强对地方的财税控制。

明朝加强了中央集权统治，是我国古代经济发展史上的又一高峰。明朝的户部是全国的财计机构。明朝民间会计发展迅速，影响了明朝官厅会计的发展。明朝官厅会计多以“收”“付”作为记账符号。单式记账法向复式记账法过渡，明末出现了“三脚账”。这种记账方式对中国簿记的发展起到了承前启后的作用。

清朝作为我国最后一个封建王朝，专制制度进一步加强。清初沿袭明制，中央设立六部，其中户部统管国家财计；地方设总督、巡抚（统称“督抚”），其下设布政使司统管地方民政和财政。明末清初出现了“龙门账”；随着商品经济的发展，在清乾隆和嘉庆年间出现了比较成熟的复式簿记“四脚账”，这两种记账方式的出现标志着明清时期中式复式簿记的最高峰。

宋、元、明、清（清初期和清中期）时期会计的文化特征如下：官厅会计继续发展，会计机构设置出现独立化趋势，特别是宋朝“三司会计司”的设立。随着商品经济的发展及资本主义萌芽的产生，民间会计发展迅速。“三脚账”“龙门账”和“四脚账”标志着会计记账方式从单式逐渐向复式发展，奠定了我国古代会计在世界上的地位，会计计量也从以实物为主转变为以货币为主。

为了进一步帮助学生明确我国会计方法的先进性和科学性，教师可以对“龙门账”和“四脚账”进行一定的细节介绍。我国著名会计史学家郭道扬教授认为，“龙门账”是我国固有复式簿记的初级形态，它的“合龙”原理、结册编制方法以及盈亏计算方法，对中式会计的发展有着深远的影响，成为我国部门会计——商业会计的开端，但与基本上同一时代的借贷记账法相比，仍存在着很大的差距。我们可以发现，“龙门账”的先进之处在于其会计恒等式与今天现代会计恒等式的基本思想高度一致，实则就是经过变化的现代会计恒等式，只不过前者将动态要素和静态要素放在了一起。

“四脚账”又名“天地合账”“天地盘账”“登销扎彩账”等，它是近代中式会计发展过程中，受“三脚账”“龙门账”的影响而产生的一种比较成熟的复式记账法。

目前，会计史学界关于“四脚账”的认识是基本一致的，即一般认为“四脚账”约产生于18世纪中叶（清乾隆和嘉庆年间）。

3. 近现代会计制度的建设与会计道路的探索

在介绍完古典会计的发展以后，教师应为学生介绍近现代中国会计的发展。

近代中国沦为半殖民地半封建社会。在外国资本主义经济侵略下，小农经济被瓦解。西方各种学说逐渐为人们所熟悉，在爱国救国精神的激励下，我国的会计也掀起了改革，力求效仿国外的会计制度和方法。

在记账方法上，西式的复式记账方法——借贷记账法开始传入中国，成为中国会计史上的大事件。蔡锡勇的《连环帐谱》和谢霖的《银行簿记学》是近代我国会计思想史上两部较为系统的会计专著，是较为系统地介绍西方借贷记账法的专著，标志着我国新式会计思想的开端。近代中国不少官办企业被外国人把持，并开始使用借贷记账法。值得说明的是，西南财经大学会计学院的创始人就是谢霖先生。

1912年，北洋政府设置财政部，负责主管国家的财政、会计事务。1914年10月，北洋政府正式颁布《会计法》。会计法和统一的官厅会计制度开创了中国会计制度化的先河。1935年，国民政府颁布《会计法》，并进行会计制度改革，建立了相对全面完整的会计制度。

这一时期，中国会计改革形成两大派别：一个派别是以徐永祚为代表的改良中式簿记派，主张保存中式簿记核算形式而予以改良，把西方借贷会计的优点融合到中式收付簿记之中，形成中式簿记的理论和方法；另一个派别是以潘序伦为代表的全面引进西式簿记派，主张全面引进西式簿记的理论与方法，致力于中国会计改革。这是中国会计史上第一次学术争论，增进了会计学术交流，浓厚了会计学术氛围，繁荣了会计学术研究。

清末到中华人民共和国成立前的会计文化特征如下：这一时期对中国古典的中式会计思想进行总结，会计思想空前活跃。会计法制化观念增强，学习西方先进会计理念的意识加强。会计教育蓬勃发展，促进了会计师业务的开展。

中华人民共和国成立初期，国家财政经济处于非常困难的时期，为恢复经济，建立了高度集中的计划经济体制。与此相适应，在参照苏联会计模式的基础上，我国建立了高度统一的会计制度，并出台了一些会计方面的法律法规，初步形成了计划经济会计模式，建立了适应计划经济需要的会计学科体系。但是，会计事业的发展并非一帆风顺，1958 年的“大跃进”运动使会计事业遭到破坏。直到 1962 年，为贯彻国家经济调整方针，会计工作才得到恢复。与此同时，国务院发布《会计人员职权试行条例》，加强了会计监督，促进了国民经济发展。这一时期的会计理论研究，偏重于批判、改造和吸收原有的会计理论与方法，借鉴和吸收苏联的会计理论与方法，建立我国的会计理论体系，会计事业呈现出兴旺发达、不断进步的景象。

“文化大革命”中止了这种进步，国民经济遭受巨大损失，会计领域遭到严重冲击，基本上已不存在会计理论研究，会计事业的发展受到前所未有的破坏。“文化大革命”结束后，党和国家十分重视会计工作，健全机构，充实人员，完善制度，加强会计法制建设，先后出台了《会计专业职务试行条例》《总会计师条例》《中华人民共和国会计法》《企业财务通则》和《企业会计准则》，大大促进了会计工作与改革开放和市场经济发展的结合，也使得我国会计制度逐渐与国际会计准则相协调。

党的十一届三中全会以后，党和国家的工作重点转向以经济建设为中心，会计在经济管理中的地位越来越重要。这一时期的会计理论研究工作主要表现在两个方面：一方面是继续学习和研究苏联社会主义会计学，并与中国的会计改革实践相结合，进行理论创新；另一方面是随着我国开始实行对外开放政策，不断引进和借鉴西方会计学。

20 世纪 80 年代，中国会计理论的发展主流开始对西方会计学的观点和方法进行研究，无论是中国特色社会主义会计理论体系的建立、对会计职能的进一步认识，还是对会计准则的研究以及对会计教学体系的改革，都是在继承苏联传统会计学的基础上，结合西方会计理论而进行的。20 世纪 90 年代以后的会计理论研究更深层次地引入西方国家的财务会计和管理会计，借鉴现代会计的理论和方法来探讨会计改革问题，努力使会计理论研究具体化、现实化，从而推动了中国会计实务进一步发展。与此同时，理论界对会计边缘学科也开展了研究，不断完善会计理论与方法体系，不断拓展其研究领域。

我国现代会计的文化特征如下：会计制度实行全面改革，进一步完善法律体系，会计法制化和规范化受到重视，拓展了传统研究范围。由于科学的不断发展，各个学科开始融合，会计学科也不例外。同时，经济全球化促使世界各国不同文化相互学习与融合。

为了进一步帮助学生树立对中国会计制度和会计理论的自信，教师可以给学生介绍中国也在积极参与到国际会计准则的制定过程中去，用中国的会计文化、会计理论、会计制度和会计道路反哺世界会计的发展。

中国财政部会计司开始利用中国的会计理论与经验反哺国际财务报告准则的制定和修改。例如，张为国和陆建桥先后作为国际会计准则理事会理事参与国际财务报告准则的制定。

同时，中国财政部会计司还积极推动和建设亚洲-大洋洲会计准则制定机构、国际会计准则理事会新兴经济体工作组、“一带一路”国家会计准则合作论坛等。

综上所述，我们最后引出本案例的结论，希望学生通过学习中国会计的起源和发展，树立对于中国特色社会主义的道路自信、理论自信、制度自信和文化自信，也希望学生树立远大的理想，积极参与到中国特色社会主义的建设中去。

三、案例分析

1. 案例蕴含的思政元素

本案例蕴含的思政元素可以帮助学生重新认识会计的起源，从而帮助学生树立对于中国特色社会主义的道路自信、理论自信、制度自信和文化自信。由于现代会计以复式记账为基本方法，因此以往我国《会计学》教材普遍参考西方会计的意大利起源说。该学说的本质是以复式记账法的出现作为会计起源的标志。然而，该学说容易使学生误解中华文明的会计都是舶来品、缺乏原创，这不利于学生树立会计文化自信。

学生学习了本案例，可以感受到中华文明源远流长，其中蕴藏着丰富的商业文明和会计文明。在中华文明长期的历史进程中，我们统一的政治制度孕育了世界上最完善的官厅会计制度，被会计学术界公认为世界官厅会计的巅峰。今天，中国的会计人在党的领导下正在走一条自己的道路，致力于建立与中国特色社会主义制度相适应的会计制度，中国会计人也在用中国的会计理论与经验反哺国际会计的发展。基于本案例的学习与讲解，我们希望最终帮助学生树立对于中国特色社会主义的道路自信、理论自信、制度自信、文化自信。

2. 启发思考题及分析

学习本案例以后，我们会提出以下思考题：

（1）中华文明为何可以孕育出世界上体系最完整的古典官厅会计？

（2）您认为未来中国是否可以主导世界会计准则的制定？我们应该如何开展与其他国家的合作？

（3）您认为您的专业可以为社会做出哪些贡献？为了成为社会和国家的有用之才，您将如何规划您的专业发展路线？

四、参考文献

［1］郭道扬，曹大宽. 第六讲 中国固有复式簿记（二）：“四脚帐”［J］. 中国农业会计，1993（6）：40–42.

［2］郭道扬，曹大宽. 第五讲 中式单式簿记的演进过程及一般规律［J］. 中国农业会计，1993（2）：25–27.

［3］郭道扬，曹大宽. 第二讲 中国古代财计体制沿革（续）［J］. 中国农业会计，1992（9）：48–50.

［4］迈克尔·查特菲尔德. 会计思想史［M］. 文硕，译. 北京：中国商业出版社，1989.

［5］陈信元. 新中国会计思想史［M］. 上海：上海财经大学出版社，1999.

潜心问道凸显专业贡献，关注社会践行使命担当

——新冠肺炎疫情中的会计专业价值

易阳

一、案例概况

1. 案例针对对象

本案例针对对象为全校本科一年级学习大学科基础课程会计学的学生。本案例适用章节为会计学课程开学第一课。

2. 案例教学目标

通过学习该案例应达到以下目标：

知识目标：引发学生对会计价值的关注、认同，激发学生主动学习的兴趣，培养学生的专业能力。

能力目标：培养学生了解并掌握实现会计专业价值的能力、技术和方法；同时，锻炼学生理论联系实际的能力，培养学生融会贯通的能力，即将已有的会计知识创新性地运用到实践之中。

价值目标：帮助学生树立正确、长远的职业发展观；同时，使学生深入领会会计的价值在企业、社会等组织运行和资源分配过程中的重要意义，帮助学生树立正确的价值观，使学生担负起历史的使命感和责任感。本案例教

学旨在以此践行教书和育人、言传和身教、学术自由和学术规范、潜心问道和关注社会的统一，实现为党育人、为国育才的初心使命。

二、案例正文

作为大学科基础课程会计学，会计学课程不仅需要将专业课程的知识、技能、方法融入学生个人职业发展过程中，更要从国家宏观环境和时代发展趋势的角度，将专业课程的分析方法、能力和逻辑创造性地嵌入国家的发展和社会的需求中，进而才能实现帮助学生树立正确的价值观、担负起历史的使命感和责任感的价值塑造作用。因此，在会计学课程中融入思政内容是非常有必要的。

本案例通过结合新型冠状病毒肺炎疫情（以下简称“新冠疫情”）这一重大公共卫生事件，引导学生了解诸如会计学等社会科学如何在抗击新冠疫情中发挥专业价值、做出专业贡献；同时，结合大数据时代对全行业的重塑，使学生了解会计学科在大数据时代的地位、作用和专业应用前景，从而激发学生的学习兴趣，培养学生的职业认同感，引导学生树立正确、长远的职业发展观。

基于此，本案例按照以下顺序推进：

1. 利用统计数据介绍新冠疫情的影响范围、程度及长期影响

教师应让学生对人类命运共同体的概念有一个切身的感受，继而提出问题：“当所有人都被拖进了新冠疫情这场没有硝烟的战争中，那么在战场上的你我能做什么?”

基于该问题，教师应引导学生思考专业学习对社会的作用和价值。

有些学生会说：“会计就是‘记账先生’，多是在企业里做事，而与社会没多大关系。”

有些学生认为，随着大数据的发展，会计的事前监督作用会越来越明显，可以使经济活动更有效平稳地开展。

有些学生提出，会计是适应社会生产的发展与经济管理的需要而产生和发展的，在经济不断发展的新形势下，应从微观、中观、宏观等新视角审视

会计的作用。这不仅有利于政府、企业、个人重视会计工作，而且有利于推动会计工作不断发展。

2. 从国家、企业、个人三个视角提供不同的典型事迹，说明各自专业领域在抗击新冠肺炎疫情中的作用

本部分的教学目标主要是让学生思考在新冠肺炎疫情中所学专业的作用和价值，为引导学生树立正确的价值观搭建基础。

具体来说，为了让学生了解到国家、企业、个人这三个层面在抗击新冠肺炎疫情过程中都做了哪些贡献，教师可以通过如下案例进行讲解：国家可以举全国之力协同一致抗击新冠肺炎疫情；企业可以利用自有资源十天迅速建好火神山医院；一些“逆行者”不顾个人安危冲上抗击新冠肺炎疫情最前线。这无数个个体都是抗击新冠肺炎疫情中的追光者，都从不同层面发挥了作用。因此，每一类主体在这一场没有硝烟的战争中都可以发挥自己独特的作用。

继而教师应结合自身经历，带入专业思维，让学生思考会计学专业（可以扩大到社会科学）到底能在抗击新冠肺炎疫情中发挥怎样的作用，如何体现专业价值。

3. 基于教师自身经历和专业学术视角的分析，让学生充分认识专业知识对社会的作用和价值，并了解一些专业的分析逻辑和习惯

经过了以上的理论和案例知识储备以后，学生可以了解到会计学专业（可以扩大到社会科学）在抗击新冠肺炎疫情中是可以发挥作用的。

既然新冠肺炎疫情的发生关系到全人类的命运，那么社会科学将在这场没有硝烟的战争中做出什么贡献呢？此时，教师应向学生提出以下两个问题：

（1）到目前为止，最有效的新冠肺炎疫情防治手段是什么？

（2）为何中国能快速有效地控制住新冠肺炎疫情？

基于对上述两个问题的回答，教师应引入政府信息披露和公共卫生应急管理举措两大会计学研究领域概念——管制、信息披露。

为了帮助学生更好地将社会时事与会计专业进行结合，教师可以将撰写

学术论文的个人经历作为案例，介绍在科研实践中，教师是如何将抽象的思考具体化为学术概念（政府应急管理和信息披露）、将琐碎的新冠肺炎疫情统计数据整合为具象化的学术指标并加以定量衡量的，希望借此能将会计实用性从实务推广至科研领域，并给予学生一定的学术启发。

教师通过展示自己的研究发现，强调政府应急管理和信息披露两大手段在此次新冠肺炎疫情防控中发挥的重要作用，并用数据和图表揭示不同政府在下达应急措施命令时的及时性以及信息披露透明度上存在的差异，是决定疫情防控效率的最主要的因素。

到目前为止，教师主要以呈现论文数据的形式揭露了政治和公共卫生领域的争端。但是，类似意识形态和话语权的争夺斡旋不仅仅局限于上述两个领域，整个科学界也存在着一定的“内卷”现象。以顶级期刊《科学》（*Science*）接受的文章类型来看，似乎在抗击新冠肺炎疫情这个主战场上，自然科学研究才是发文的“主力”，才是学界的“顶流”。因此，通过科学领域的这种“待遇”对比现象，教师可以引导学生树立起专业警惕感，并再次强调会计独有的专业价值，因为后者是在学界竞争中夺得胜利的关键因素。

上述基于教师个人亲身经历和专业学术视角的分析，既能让学生充分认识专业知识对社会的作用和价值，又能让学生在分析的过程中，了解一些专业的分析逻辑和习惯，从而加深学生的专业印象，激发学生的学习兴趣，传授学生专业知识，培养学生专业能力，树立学生正确的专业发展方向。

4. 结合时代的发展，介绍大数据时代对各行业的颠覆性改变

在重大时事介绍之后，教师可以进一步结合时代的发展，通过一些具体的实例，引导学生从时代发展的趋势和特点的角度，思考大数据时代对各行业的颠覆性的改变。

教师可以从个人、企业和国家三个方面介绍“会计+大数据”的模式在新时代背景下会诞生怎样的应用场景。

在个人层面，张三上了失信名单意味着什么？

在企业层面，知名电商平台为何“越亏损，股价越高”？

在国家层面，国际贸易摩擦的影响是什么？

……

通过上述举例的方式，教师再次从会计专业的角度，引导学生了解在大

数据时代背景下，会计专业未来会发生怎样的变革，又会对社会的哪些方面产生哪些新的作用、价值和贡献。

5. 结合新冠肺炎疫情这一重大时事和大数据时代发展特点，引导学生树立正确、长远的职业发展观

教师可以通过结合新冠肺炎疫情这一重大事件和大数据时代发展特点，使学生尽可能充分、全面地了解会计学科在新时代背景下的地位、作用和专业应用前景，从而激发学生的学习兴趣，培养学生的职业认同感，引导学生树立正确、长远的职业发展观。

三、案例分析

1. 案例蕴含的思政元素

教师通过结合新冠肺炎疫情这一重大事件的亲身经历，引导学生了解诸如会计学等社会科学如何在抗击疫情中发挥专业价值、做出专业贡献；同时结合大数据时代对全行业的重塑，使学生了解会计学科在大数据时代的地位、作用和专业应用前景，从而激发学生的学习兴趣，培养学生的职业认同感，引导学生树立正确、长远的职业发展观。

总体来说，教师基于课程培养的知识传授、能力培养、价值塑造三个维度，旨在实现上述维度在专业授课领域的循环。具体来说，教师以知识传授为手段，以能力培养为前提，以价值塑造为核心，不仅将专业课程的知识、技能、方法融入学生个人职业发展过程中，更从国家宏观环境和时代发展趋势的角度，将专业课程的分析方法、能力和逻辑创造性地紧密运用到国家的发展和满足社会的需求中，从而践行教书和育人、言传和身教、潜心问道和关注社会、学术自由和学术规范四个相统一，实现为党育人、为国育才的初心使命。

2. 启发思考题及分析

学习本案例以后，我们会提出以下思考题：

（1）会计学专业（包括社会科学）到底在抗击新冠肺炎疫情中发挥了

怎样的作用，如何体现专业价值？

（2）学习社会科学能为国家和社会做出哪些贡献？为了成为栋梁之材，学生现在应如何规划职业发展？

四、参考文献

[1] CHINAZZI M, DAVIS J T, AJELLI M, et al. The effect of travel restrictions on the spread of the 2019 novel coronavirus (COVID-19) outbreak [J]. Science, 2020, 368 (6489): 395-400.

[2] JIA J S, LU X, YUAN Y, et al. Population flow drives spatio-temporal distribution of COVID-19 in China [J]. Nature, 2020, 582 (7812): 1-11.

第二章
会计循环

立德修身，志在成才

——在会计要素理论中寻找自我的定位

邓博夫

一、案例概况

1. 案例针对对象

本案例针对对象为全校本科一年级学习大学科基础课程会计学的学生。

本案例适用章节为《会计学》（第九版，赵德武主编）第一章会计系统。

2. 案例教学目标

通过学习该案例应达到以下目标：

知识目标：强化学生对于会计要素理论的理解。

能力目标：培养学生利用理论知识进行职业判断的能力，具体包括利用会计学中会计要素理论进行理性分析，如何定义和区分资产、负债、所有者权益、收入、费用和利润。

价值目标：习近平总书记强调，教育的根本任务是立德树人。我们不能割裂专业知识的授予和思想品德教育之间的有机联系。本案例的价值目标就在于尝试从会计要素理论出发，帮助学生明确个人对于父母的意义、个人对于国家的意义；帮助学生明确应该如何进行个人塑造，成为对家庭、社会和国家有用的人。

二、案例正文

作为大学科基础课程，会计学是财经类专业本科生最早接触的专业课程之一。该课程不仅需要帮助学生掌握会计的基本理论和方法，理解会计的基本语言，也需要帮助学生树立正确的财经职业道德，形成正确的商业伦理和职业价值观。由于个别社会舆论不负责任的引导，以往学生在接触会计学时，总是抱着“会计就是做账”的不重视心态，甚至是抱着会计是“做假账”的猎奇心态来学习该课程，因此难以正确对待课程的知识和挑战。在会计学课程中有机地融合思政内容是非常必要的。

本案例就是要利用会计学中的要素理论部分帮助学生重新认识自我发展与家庭、社会和国家的关系以及自我发展对于家庭、社会和国家的意义，即利用会计学中关于如何定义和区分资产、负债、所有者权益、收入、费用和利润这六个基本要素的经济解释，为学生树立正确的理想和信念。

基于此，本案例按照如下顺序推进：

1. 理论讲解会计要素的定义

教师要帮助学生明确资产要素的定义为：过去的交易、事项形成并由企业拥有或控制的资源，该资源预期会给企业带来经济利益。

根据资产的定义，资产具有以下几个方面的特征：

历史属性：资产是由企业过去的交易或事项形成的。

现时属性：资产应是企业拥有或控制的资源。

未来属性：资产预期会给企业带来经济利益。

教师要帮助学生明确负债要素的定义为：企业过去的交易、事项形成的现时义务，履行该义务预期会导致经济利益流出企业。

负债是企业债权人对企业资产的要求权，是企业对债权人承担的经济责任。

根据负债的定义，负债具有以下几个方面的特征：

历史属性：负债是由于过去的交易或事项而形成的现时义务。

现时属性：负债是能够用货币确切计量或合理估计的经济责任。

未来属性：负债的清偿预期会导致经济利益流出企业。

此外，教师还需要分别讲授其他四项会计要素的定义，在此不一一列举。

2. 重点对比资产要素和负债要素的定义

本部分的讲解需要达到两个教学目标：其一，帮助学生理解和掌握如何使用资产要素与负债要素的定义来判断何为资产、何为负债；其二，帮助学生理解和掌握资产与负债的区别在什么地方。

具体说来，为了帮助学生掌握资产的定义的使用，教师可以通过如下案例进行讲解：管理者的个人魅力、企业文化等都符合资产的定义，但是并没有被计入资产负债表，原因在于难以计量。

为了帮助学生掌握负债的定义的使用，教师可以通过如下案例进行讲解：上市公司贵州茅台（600519）的年报中出现了两项标志性负债——应付账款和预收账款。教师应通过讲解帮助学生理解这两项负债的经济本质是什么。在学生理解了这两项负债的经济本质以后，教师再引导学生理解应付账款和预收账款是一种产业链上的商业信用，具有融资性质；帮助学生明确该类负债在本质上使企业获得了基于产业链的商业信用，可以有效缓解企业的资金需求。

最后，教师对比资产和负债的定义的区别如下：资产和负债都是由过去的交易或事项形成的，资产是企业拥有或控制的资源，负债是企业承担的一种现时义务；两者的本质区别在于产生的预期不同，资产预期会产生经济利益流入，而负债预期会产生经济利益流出。因此，资产和负债的本质区别不在于现时属性和历史属性，而在于产生的未来预期。

3. 提出问题，对于父母、社会、国家来讲，你属于会计哪个要素

在经过了以上的理论和案例知识储备以后，学生基本上已经开始意识到如何利用资产和负债等会计要素的经济解释进行职业判断和区分经济事项的经济属性了。

这个时候，教师可以抛出对于学生的“灵魂之问”：对于父母、社会、国家来讲，你属于会计哪个要素？

通常，面对这个问题，学生的反应是非常活跃的，各种有意思的回答产生了。

有些学生认为自己是资产，因为父母叫自己“宝贝”；有些学生认为自己是负债，因为父母不高兴的时候会抱怨，“上辈子我欠你的……”甚至有学生会认为自己应该是一种所有者权益，因为感觉父母一直在给孩子“打工”，很辛苦；还有学生会调侃，可能自己是一种费用，即经济利益流出。

综合以上答案，我们基本可以判断学生内心对于父母的爱和付出是非常感动的。

因此，在学生开心和感动的这个时刻，教师可以做如下总结陈词：“同学们说得都对，对于父母来讲，你可以是资产，也可以是负债，甚至可以是所有者权益，让父母给你‘打工’。但是，你们应该意识到，会计学家一直在提醒你，对于你的父母来讲，你的经济属性并不在于你的过去和现在，而在于你给父母形成的预期。如果父母预期你未来会长大成才，你就是资产；如果父母预期你未来很难成才而只会带来负担，那你就是负债。因此，关键在于父母对你的预期，而对你的预期往往来自你给父母带来的信号。同学们，好好努力学习，学会承担一个成年人的责任，用你的实际行动不断向你的父母释放这样的信号——你的未来是可期望的。”

对于社会，对于国家，也是如此。教师可以引导学生：“今天我们能坐在如此美丽的校园中，是要心存感激的。要知道，社会养育了我们，是一种投资，我们要通过努力学习，锻造自己的专业技能，为未来成为社会的有用之才而不负今日之时光。这样的我们，对于社会来讲，就不是负债，而是一种资产。”

那么，如何成为对于社会有用的人才呢？

作为社会主义建设者和接班人，我们必须时刻牢记拥护中国共产党的领导和我国的社会主义制度，立志成为为中国特色社会主义伟大事业奋斗终生的有用人才。我们要做到爱国、敬业、诚信和友善。

当讲到爱国的时候，教师可以与学生一起回忆：2020 年 6 月，外军公然违背与我方达成的共识，悍然越线挑衅。按照处理边境事件的惯例和双方之前达成的约定，祁发宝团长本着谈判解决问题的诚意，仅带几名官兵上前交涉，却遭对方蓄意暴力攻击。祁发宝团长组织官兵一边喊话交涉，一边占据有利地形，与数倍于己的外军展开殊死搏斗。增援队伍及时赶到，戍边官兵们奋不顾身、英勇战斗，一举将来犯者击溃驱离。外军溃不成军，抱头鼠窜，丢下大量越线的伤亡人员，付出了惨重代价。

这些戍边英雄们把青春、鲜血乃至生命留在喀喇昆仑高原，筑起巍峨界碑。

当讲到敬业的时候，教师可以与学生分享朱镕基同志曾经在北京国家会计学院的题词：诚信为本，操守为重，坚持准则，不做假账。

……

案例的最后，教师自然引入社会主义核心价值观——富强、民主、文明、和谐，自由、平等、公正、法治，爱国、敬业、诚信、友善，深化学生对于社会主义核心价值观的认识。

三、案例分析

1. 案例蕴含的思政元素

本案例的思政元素就在于既是讲授专业的理论知识，又是利用该理论知识为学生树立正确的世界观、人生观、价值观的一种思政尝试。本案例有机结合了专业理论和课程思政。

学生理解了本案例，既可以加深对于理论知识的理解，又可以感悟出自己对于家庭、社会以及国家的意义在于未来，而这种未来的预期源于今天的态度和努力。

2. 启发思考题及分析

学习本案例以后，我们会提出以下思考题：

（1）为了让父母形成更好的预期，您可以做出哪些努力？

（2）您认为您的专业可以为社会做出哪些贡献？为了成为社会和国家的有用之才，您将如何规划您的专业发展路线？

四、参考文献

［1］葛家澍．资产概念的本质、定义与特征［J］．经济学动态，2005（5）：8-12.

[2] 华乐特·P. 施库扼斯，钱健，葛家澍，等. 什么是资产？[J]. 国际商务财会，1994（6）：38-42.

[3] 张为国. 我所亲历的我国会计制度改革和会计准则国际趋同过程[J]. 会计研究，2019（10）：5-14.

[4] 陆建桥. 国际财务报告准则 2017 年发展成效与未来展望 [J]. 财务与会计，2019（2）：12-14.

实事求是，坚守正道

——会计信息质量要求与职业道德

曹昱

一、案例概况

1. 案例针对对象

本案例针对对象为全校本科一年级学习大学科基础课程会计学的学生。本案例适用于会计信息质量要求与会计职业道德部分的教学。

2. 案例教学目标

通过学习该案例应达到以下目标：

知识目标：帮助学生理解会计信息质量要求、会计职业道德、财务造假。

能力目标：通过阅读案例，找出改革开放与会计信息质量要求以及职业道德的相似之处。帮助学习根据现有案例资料，理解诚信的重要性，并且能够提出初步改善诚信问题的相关措施。

价值目标：通过案例，启发学生对社会主义核心价值观中“诚信”一词的思考，使学生培养良好的会计职业道德观，并且提高对社会主义制度优越性的认识水平。

二、案例正文

1. 改革开放之路——实事求是

党的十一届三中全会召开前，中共中央召开了历时36天的中央工作会议。在中央工作会议上，党的许多老一辈革命家和领导同志，对“文化大革命”结束后两年来党的领导工作中出现的失误提出了中肯的批评，对党的工作重点转移到经济、政治方面的重大决策，党的优良传统的恢复和发扬等提出了积极的建议。邓小平在会议闭幕式上作了题为《解放思想，实事求是，团结一致向前看》的重要讲话。

1978年12月18日至22日，党的十一届三中全会在北京举行，高度评价了关于真理标准问题的讨论，停止使用“以阶级斗争为纲”这个口号，将工作重心转移到经济建设中来，作出实行改革开放的伟大决策。

1982年9月1日，邓小平同志在中国共产党第十二次全国代表大会开幕词中提出“把马克思主义的普遍真理同我国的具体实际结合起来，走自己的道路，建设有中国特色的社会主义。”

1987年10月，党的十三大召开前夕，邓小平强调：“党的十三大要阐述中国社会主义是处在一个什么阶段，就是处在初级阶段，是初级阶段的社会主义。社会主义本身是共产主义的初级阶段，而我们中国又处在社会主义的初级阶段，就是不发达的阶段。一切都要从这个实际出发，根据这个实际来制订规划。”

1992年，邓小平发表南方谈话时提出要建立社会主义市场经济体制。党的十四大正式提出建立社会主义市场经济体制的目标。

党的十一届三中全会以来，我国进行了经济体制改革，创立了中国特色社会主义市场经济体制。在由计划经济向市场经济转型的过程中，我国的会计制度也完成了由适应计划经济需要向适应市场经济需要的过渡。在宏观层面，会计准则体系作为经济体制以及市场运作的“秩序”和计量标准，反映基本经济活动的规则，与经济体制的相互影响和作用是显而易见的。经济体制的起点、路径选择以及发展趋势决定了会计准则的基础结构、演变轨迹、发展方向。与此同时，会计准则及其规范体系也促进了经济基础的巩固和经济体制的完善。

财务会计报告是企业会计核算的最终成果，要达到可靠性、相关性、可比性、可理解性、谨慎性、重要性、实质重于形式、及时性八个信息质量要求。但是，财务会计报告信息的失真问题遍及世界各国，美国的安然事件让全世界为之震惊，安然公司从 1997—2001 年虚报利润 6 亿美元，隐瞒了 24 亿美元的到期债务。在中国证券市场上，上市公司也时常“暴雷”。

2. K 上市公司财务造假事件及手段

K 上市公司是中国先进高分子新材料平台型企业，于 2001 年在 J 省登记成立，于 2010 年在深圳证券交易所上市。K 上市公司披露的 2018 年年报显示，公司账面货币资金为 153. 16 亿元，其中的 122. 1 亿元存放在某银行，但是该银行却说 K 上市公司的账户没有余额。这一事件在市场上引起了轩然大波。K 上市公司财务造假主要使用以下手段：

（1）虚构收入。K 上市公司主要通过以下两种手段虚构收入：第一，通过关联方虚构销售业务，虚构大量应收账款；第二，通过虚构客户的采购金额进而虚构收入，并在年报中隐瞒前五大客户和供应商情况。

自 2014 年起，K 上市公司与 K 集团存在巨额关联交易，最高时甚至达 159. 31 亿元，占 2018 年经审计净资产的比例高达 88. 36%（见表 2-1）。

K 上市公司 2015—2018 年虚增的利润分别为 23. 81 亿元、30. 89 亿元、39. 74 亿元、24. 77 亿元，虚增利润占实际披露利润的比例从 2015 年的 144. 65%上升到 2018 年的 722. 16%，占比之高令人震惊（见表 2-2）。

表 2-1　2014—2018 年 K 上市公司与 K 集团关联交易金额及占比

年份	与集团总公司关联交易/亿元	占净资产比例/%
2014	65. 23	171. 75
2015	58. 37	120. 92
2016	76. 72	83. 26
2017	171. 50	109. 92
2018	159. 31	88. 36

表 2-2　2015—2018 年 K 上市公司虚增利润总额

年份	虚增利润总额/亿元	占披露净利润比例/%
2015	23.81	144.65
2016	30.89	134.19
2017	39.74	136.47
2018	24.77	722.16

（2）虚增预付账款。K 上市公司主要在两方面虚构预付账款：一是通过自己的关联方虚构业务、虚构账款；二是串通供应商等虚增预付账款。

K 上市公司在 2012 年之后不再公开供应商的名单。作为 2010 年的第三大供应商的北京某国际贸易有限公司，有媒体走访后却发现其注册地址实为 K 上市公司控股股东 K 集团总部，可见 K 上市公司在通过注册空壳公司的方式虚构预付账款。

（3）虚构货币资金。K 上市公司还通过股权质押的方式虚增货币资金。K 上市公司与其大股东（K 集团）和某银行签订了现金管理合作协议，这不仅让 K 上市公司控股股东在资金管理和使用上与自身资金混为一谈，不符合最基本的会计准则，而且为控股股东占用 K 上市公司自有资金提供了便利。根据现金管理合作协议，K 上市公司各子账户的货币资金应全部归集到 K 集团的账下，因此就出现了账面有“百亿现金”却无法支付 10 亿元短期债券本息的情景，还与某银行就 122 亿元存款的真实性扯皮，并发生诉讼。

（4）隐瞒关联担保情况。2016—2017 年，K 上市公司的子公司 Z 公司与某银行签订了 3 份存单质押合同；2018 年 9 月，Z 公司又与某信托股份有限公司签订了存单质押合同。这些存单质押合同都约定要把光电材料大额专户资金存单作为对 K 集团的担保，而 K 上市公司在年报中却掩盖了这些合同存在的事实。

（5）隐瞒募集资金使用。2018 年 7～12 月，K 上市公司将募集到的 24.53 亿元的资金转走，声称要支付设备采购款，向 H 公司支付了 21.74 亿元，同时向 Y 公司支付 2.79 亿元。但其支付真实性存疑，因为这些被转出的募集资金通过多次转手，用途都发生了变化，最后全部流回了K 上市公司。K 上市公司不仅用这些资金支付银行贷款，还用其虚增利润等。

3. R 会计师事务所被查

经中国证监会调查，K 上市公司披露的相关年度报告存在虚假记载和重大遗漏。R 会计师事务所作为 K 上市公司的审计机构，在 K 上市公司财务造假期间，连续三年均为其出具了标准无保留的审计意见，没有起到“守门人”的作用，涉嫌违法，被中国证监会正式立案调查。同年，除 K 上市公司外，R 会计师事务所还涉嫌对另一家上市公司发表不恰当审计意见。这两次审计失败使 R 会计师事务所陷入了舆论的漩涡，各种媒体、投资者纷纷对 R 会计师事务所口诛笔伐。R 会计师事务所的客户和团队成员大量流失，人人避而远之。

三、案例分析

1. 案例蕴含的思政元素

本案例的思政元素主要为社会主义核心价值观的诚信。

“诚”，即诚实、诚恳，主要指主体真诚的内在道德品质；“信”，即信用、信任，主要指主体“内诚”的外化。“诚”更多是指“内诚于心”，“信”则侧重于“外信于人”。“诚”与“信”一组合，就形成了一个内外兼备、具有丰富内涵的词汇。其基本含义是指诚实无欺、讲求信用。千百年来，诚信被中华民族视为行为规范和道德修养，形成了独具特色并具有丰富内涵的诚信观。这样的诚信观在当今的市场经济和构建社会主义核心价值体系中具有极其重要的道德作用。

诚信，首先要外诚于人。党的十一届三中全会高度评价“实践是检验真理的唯一标准”，重新确立了“解放思想、实事求是”的正确思想路线，就是“外诚于人”，取信于人民群众，促成了改革开放的新局面。同样，会计作为一个信息系统，传达的信息应符合可靠性的会计信息的质量要求，做到对预期使用人的诚信。K 上市公司作为上市公司却进行财务造假，R 会计师事务所作为“守门人”却对造假视而不见，不仅损害了投资者的利益，对诚信的市场环境也是一个沉重的打击。由于信息的不对称，人们只能通过财务报告与审计报告了解企业经营情况，一旦出现信任危机，将大大降低资本市场的运行效率，贻害无穷。

诚信不仅要外诚于人，还要内诚于己，做人如此，经营企业、治理国家也是如此。改革开放后，以邓小平为核心的党中央领导集体从中国国情出发，确立了具有中国特色的社会主义道路，不再生搬硬套计划经济模式，并指出我国处于并将长期处于社会主义初级阶段，为经济建设提供了指导思想，取得了举世瞩目的成就。K上市公司以及其他财务造假企业的管理者也许是为了实现企业快速发展而使用一些不诚信的手段获取投资、谋取上市等，他们也十分清楚造假迟早有败露的一天，但还是视之不见，理智完全被短期效益以及侥幸心理覆盖，最终导致更加严重的后果，并受到法律的惩处。

2020年年初，新冠肺炎疫情席卷全球，我国的疫情防控取得了令全世界难以置信的成就，又一次彰显了中国共产党强有力的领导能力以及社会主义制度的优越性。反观一些国家，政府传播虚假信息，公民对政府的信任也十分有限，导致新冠肺炎疫情迅速蔓延。我国取得抗击新冠肺炎疫情的阶段性胜利的关键在于我党强大的凝聚力与号召力。人民坚信党代表了最广大人民群众的根本利益，对党的每一条指令，我们都保持无条件的信任；对党的每一次号召，我们都积极投身参与其中，这才取得了疫情防控的阶段性胜利。

2. 启发思考题及分析

学习本案例以后，我们会提出以下思考题：

（1）谈谈在资本市场上，诚信对于上市公司的重要意义。

（2）请从个人角度谈谈诚信的重要作用。

会计计量属性之争：历史成本与公允价值

——基于公允价值计量应用的案例

许楠

一、案例概况

1. 案例针对对象

本案例针对对象为全校本科一年级学习大学科基础课程会计学的学生。

本案例适用于《会计学》（第九版，赵德武主编）教学。

2. 案例教学目标

通过学习该案例应达到以下目标：

知识目标：帮助学生掌握会计计量的属性、会计信息的质量特征。

能力目标：帮助学生学习会计基本理论和会计核算基本方法，加强非会计专业学生对财务会计理论知识、职业信条、道德规范等的全面了解。

价值目标：帮助学生正确认知会计职业在社会经济发展中的重要作用，理解会计的职能、目标、对象、会计核算的前提条件、会计核算基础、会计信息质量要求等基本理论。帮助学生树立会计职业感和道德感。

二、案例正文

1. 案例背后的知识点链接：课程基础

会计核算的专门方法——会计计量属性：历史成本与公允价值

（1）历史成本。历史成本是指企业取得或建造某项资产时所实际支付的现金及现金等价物。由于历史成本是在交易发生时按客观经济事实所确定的，使会计计量具有客观性；由于历史成本是以会计凭证为依据确定的，便于事后查核和验证，使会计计量具有可验性；由于历史成本的数据比较容易取得，使会计计量具有可行性。历史成本计量是持续经营假设、币值不变假设和可比性原则的共同要求。

（2）公允价值。公允价值是指在公平交易中，熟悉情况的交易双方自愿进行资产交换或债务清偿的金额。选择公允价值是适应金融创新的需要，也是未来发展的必然趋势，尤其在金融资产计价方面具有独到优势。公允价值使会计收益更加真实，符合会计的谨慎性要求。公允价值有利于企业的资本保全，更加符合配比原则的要求，提高了信息的决策有用性。公允价值没有成本计量的稳定性，或者说是简便性，要时刻注意资产的价值变化，在一定程度上对会计人员有更高的要求。

2. 公允价值的应用案例：审慎使用

以下我们呈现公允价值在中国资本市场上上市公司中的应用的三个实例。

（1）实例 1：交易性金融资产中公允价值的应用——以 H 证券为例。

2020 年 10 月 16 日收盘后，H 证券公布了 2020 年三季报，该公司也是 2020 年首家发布三季报的上市券商。其财报显示，H 证券前三季度实现营业收入 11. 52 亿元，较上年同期增长 70. 78%；实现归母净利润 6. 61 亿元，较上年同期增长 116. 08%。其中，H 证券第三季度的增长较为明显。数据显示，第三季度 H 证券实现营业收入 5. 58 亿元，较上年同期增长 161. 09%；实现归母净利润 3. 76 亿元，较上年同期增长 205. 78%。

H 证券第三季度单季业绩表现超过 2020 年上半年的整体表现，其中的原因主要是公允价值变动收益由负转正，显著推升了公司利润。其三季报显示，截至 2020 年 9 月末，H 证券的公允价值变动净收益为 2.28 亿元，较上年同期扭亏为盈。从单季表现来看，H 证券的公允价值变动净收益主要来自三季度，一季度至三季度的净收益分别为-0.8 亿元、0.36 亿元和 2.72 亿元。H 证券表示，公允价值变动净收益的增长与期内自营股票和衍生品公允价值增长有关。

从具体业务来看，除公司经纪业务、投资银行业务手续费等收入增加外，公允价值变动收益的由负转正，是 H 公司的业绩增长的重要因素。其中暗含的启示是，如果一个公司投资性资产占比较大，往往其公允价值波动就较大，对利润影响也较大，那投资者就要关注资产质量、衡量其投资水平。

（2）实例 2：债务重组中公允价值的滥用——以 D 公司为例。

D 公司股票于 2006 年 4 月股改停牌长达 4 个月之久，复牌后上演奇迹般的暴涨，复牌当日股价上涨 880%，股价最高曾达到 88 元。D 公司公告显示，公司因债务豁免形成 2.75 亿元的收益，每股收益 4.758 元。这 2.75 亿元的收益是重组债务的账面价值与转让的非现金资产的公允价值之间的差额，D 公司即确认为债务重组利得，作为营业外收入，计入当期损益。正是因为预计 1~3 月业绩暴涨，导致 D 公司每股收益高达 4 元多，是 D 公司股票当时“一鸣惊人”的重要原因。

这一“滥用”和 2006 年企业会计准则中债务重组公允价值规定相关。由于现行会计准则允许债务重组过程中的利得作为收益计入净利润，即债务人以非现金资产清偿某项债务的，债务人应当将重组债务的账面价值与转让的非现金资产的公允价值之间的差额确认为债务重组利得，作为营业外收入，计入当期损益。其中，相关重组债务应当在满足金融负债终止确认条件时予以确认。转让的非现金资产的公允价值的差额作为转让资产损益，计入当期损益。

可以预见的是，未来其他上市公司实现债务重组后，仍然有可能实现类似 D 公司这样一次性的股价骤增，而不明情况的投资者在跟风买入后很有可能遭受巨额损失。

（3）资产置换中公允价值的应用——以 Z 能源公司为例。

Z 能源公司于 2007 年 4 月 20 日公布一季报，因为资产置换，造成每股收益同比增长 0. 877 元（2006 年第一季度每股收益为-0. 045），每股收益达 0. 832 元。而几个月前的 2007 年 2 月 26 日，Z 能源公司公布其 2006 年年报实现净利润-2 370. 09 万元，较 2005 年的 116. 18 万元减少 2 486. 27 万元。报告期内归属于公司普通股股东的净利润中包含了置出资产处置利得 2 254. 83万元。该处置利得是公司重组过程中交易公允价值和置出净资产账面价值的差额。该处置利得为一次性收入，按照现行会计准则计入营业外收入，属于非经常性损益，扣除非经常性损益后每股收益为 0. 633 元。

由于现行会计准则允许非货币性资产交换具有商业实质的以公允价值计量，Z 能源公司成为沪深股市第一只因为采用现行会计准则的公允价值计量而使净资产翻倍的股票。

三、案例分析

1. 案例蕴含的思政元素

第一，历史成本的“真实可靠”不仅是会计人坚守的职业操守，更是为人处事、大国外交等方面的黄金信条。

第二，在应用会计计量属性时，会计人的职业信条什么？

第三，历史的故事——公允价值两次登上中国市场的舞台。在我国，公允价值的使用经历了“引入→废除→再次引入”的过程，在这一过程中历史成本的重要性也被重拾。

2. 启发思考题及分析

呈现该案例以后，我们会提出以下思考题：

（1）公允价值在应用中产生了诸多问题，但为什么还要使用公允价值呢？

（2）为什么说公允价值计量推进了以价格机制为基础的资源配置？

（3）怎样加强公允价值应用的规范性？

恪守职业道德，遵从会计法规

——关于会计诚信的思考

刘悦

一、案例概况

1. 案例针对对象

本案例针对对象为全校本科一年级学习大学科基础课程会计学的学生。本案例适用章节为《会计学》(第九版，赵德武主编）第一章会计系统。

2. 案例教学目标

通过学习该案例应达到以下目标：

知识目标：强化学生对于会计信息质量的可靠性的理解，并延伸到对会计诚信的思考和舞弊理论的认识。

能力目标：学生初次接触会计，教师应让他们形成对会计诚信的基本认知，另外应锻炼学生收集相关资料、自主学习和思考的能力。学生刚刚从高中结构化的学习阶段转入大学探索式的学习，教师应多给学生机会，促使学生独立思考、互相讨论。教师通过对舞弊理论的扩展，让学生尝试结合案例进行分析，让学生在充分理解会计信息可靠性的同时也能够对会计职业道德有基本的掌握。

价值目标：习近平总书记强调，要坚持把立德树人作为中心环节，把思想政治工作贯穿教育教学全过程，实现全程育人、全方位育人，努力开创我国高等教育事业发展新局面。因此，我们在会计基础教学的过程中应适当引导学生形成对职业道德的良好的认识。本案例的价值目标在于，从会计信息质量的可靠性出发，延伸到对财务舞弊的认知，让学生理解财务舞弊的成因和后果，从而从根源上杜绝财务舞弊。

二、案例正文

1. 业绩压力下的系统性财务造假——X 公司财务舞弊事件

2019 年 6 月 11 日，中国证监会对 X 公司开具了行政处罚决定书，对其在申请公开挂牌转让过程中，多份公开披露的文件包括 2015 年度财务报告、临时报告等存在虚假记载，虚增主营业务收入 7.25 亿元、隐瞒关联方交易与负债等事实进行处罚，开出罚单 60 万元，同时对公司实际控制人陈某给予警告并处以 30 万元罚款。

X 公司的前身是 S 食品有限公司，成立于 2005 年，主要从事肉牛养殖育肥、牛肉屠宰销售以及牛肉类产品加工销售，是一家综合性大型牛肉食品加工企业。2015 年 11 月，X 公司挂牌新三板；2019 年 5 月 17 日起，X 公司在新三板摘牌；2019 年 12 月，X 公司进入破产重组程序。

中国证监会公开信息显示，X 公司提供的招股说明书中，通过虚构与收入相关的经济利益流入的方式虚增主营业务收入 7.25 亿元，占公开披露金额的 53.03%。其中，虚增 2013 年主营业务收入 2.66 亿元、2014 年主营业务收入 3.01 亿元、2015 年 1~4 月主营业务收入约 1.58 亿元，分别占公开披露金额的 53.77%、46.49%、70.29%；对同期利润总额影响数分别为 4 246.79万元、5 037.76 万元、2 631.05 万元，分别占公开披露净利润总额的 71.46%、74.19%、121.19%。此外，中国证监会调查发现，X 公司 2015 年度财务报告中虚增主营业务收入 3.69 亿元，占公开披露主营业务收入的 48.21%；按披露的毛利率测算，对 2015 年利润总额的影响数为 5 497.46 万元，占披露利润总额的 86.67%。

该舞弊案例金额巨大、影响恶劣，X 公司挂牌前的两年多的收入和利润中有一年半是完全虚构的，并且 X 公司有成文的造假指南，其财务部门根据业绩目标有计划、有组织、持续地造假，并对造假任务完成情况按月考核。如此行事真是匪夷所思，令人瞠目结舌。

2. 一起性质恶劣的上市公司跨境财务舞弊案件——Y 公司事件

Y 公司是深圳证券交易所中小板上市公司。2015 年，Y 公司借壳上市。在借壳上市过程中，Y 公司与 A 公司、B 公司、C 公司签订了业绩补偿协议及业绩补偿协议之补充协议，承诺 2015—2017 年各年净利润分别不低于 2.55 亿元、3.61 亿元、4.76 亿元；若 Y 公司未能实现上述业绩承诺，A 公司和 B 公司将以股份及现金补偿的方式、C 公司将以股份方式要求 Y 公司进行补偿。Y 公司 2015 年和 2016 年年度报告显示，其均超额完成了相关业绩承诺。

2017 年 4 月 7 日，Y 公司发布公告称因其涉嫌信息披露违法被中国证监会正式立案调查，之后同行业钟某实名举报 Y 公司虚构海外项目。经中国证监会调查，Y 公司在 2015—2016 年 9 月，累计虚增营业收入 5.83 亿元，虚增利润 2.56 亿元。其中，Y 公司通过虚构跨境业务的方式虚增利润 1.64 亿元，占虚增利润的 64.06%。

3. 互联网条件下新零售企业的“陨落”——R 公司财务造假事件回顾

R 公司于 2019 年 5 月 17 日在美国纳斯达克市场挂牌上市。处在竞争激烈的饮品行业，R 公司深知时间对消费者快节奏生活的重要性，其利用互联网传播，结合网络定位技术，将门店布点在城市中心的写字楼周边，且所有的交易都通过线上应用程序完成，极大地节省了时间、提高了效率。R 公司还通过海量补贴和巨额营销的方式，快速吸引消费者的眼球。因此，R 公司成为登陆国际资本市场的中国新零售同类饮品第一股，刷新了全球最快首次公开募股（IPO）纪录。

此后不久的 2020 年 1 月 31 日，美国做空机构——浑水公司发布了一则匿名报告，该报告认为，R 公司从 2019 年第三季度开始捏造财务和运营数据，存在财务舞弊行为，当日股价下跌 10.74%。虽然 R 公司随即发布公告质疑该报告的真实性，但真相还是于 2020 年 4 月 2 日被揭露。2020 年 4 月 2 日，R 公司自曝公司首席运营官刘某财务造假，涉及约 22 亿元交易额，股价触发熔断机制。当日，R 公司股票从 26.20 美元暴跌至 6.40 美元，跌幅 75.57%。之后，R 公司因没有按时提交年度报告，于同年 6 月 24 日被迫退市。

随后，因违反《中华人民共和国反不正当竞争法》，R 公司以及在该财务造假事件中起到帮助虚假宣传作用的第三方公司于 2020 年 9 月 22 日被处罚金共计 6 100 万元。又因违背了美国证券法，R 公司于 2020 年 12 月 17 日被迫接受永久禁令及支付 1.8 亿美元（约合 11.77 亿元人民币）罚款的处罚。

本案例一方面是加深学生对会计信息可靠性的理解，另一方面是在此基础上对于会计诚信的一个延伸思考，对舞弊动机理论相关知识进行了扩充，还让学生通过案例了解到财务舞弊的严重后果、在案例分析中通过对舞弊手段的理解加深对会计要素的认知。

本案例按照如下顺序推进：

（1）讲解会计信息质量可靠性的定义和意义。

（2）延伸至会计诚信，引出财务舞弊的话题。

（3）讲解舞弊三角理论，结合一些简单例子阐述舞弊动机的三要素，即压力、机会和借口。

（4）提出案例，给学生充分的时间，让学生阅读案例、查阅相关资料、基于案例进行相互讨论。

三、案例分析

1. 案例蕴含的思政元素

本案例中的思政元素主要是社会主义核心价值观中的诚信。诚，即真实不欺；信，即信守承诺、言行一致；诚信，即诚实守信、诚实劳动、信守承诺、诚恳待人。中国自古以来就十分重视诚信。春秋战国时期，孔子提倡“文、行、忠、信”，希望学生能够博学多闻、敦品励行、尽忠职守、诚实不欺，做一个德才兼备的人。荀子提出“政令信者强，政令不信者弱”，即认为诚信是治国理政的根本。北宋时期，周敦颐认为，“诚”是五常（仁、义、礼、智、信）的基础，也是人各种善行的根源。此外，明代的曹端认为“一诚足以消万伪”。当今中国更是将“诚信”作为社会主义核心价值观的重要内容之一。诚信不仅是一个基本的伦理概念，更是人们立身处世的基本原则。

会计诚信是会计人员践行社会主义核心价值观的具体要求。会计诚信要求会计人员应该坚守职业道德规范，遵从会计相关法律法规，坚决拒绝财务造假。当今资本市场中财务造假事件层出不穷，投资者合理权益被侵害的情形时有发生，为了维护资本市场的良好秩序、保证资本市场的平稳健康发展，会计人员和相关监管机构应该坚守诚信原则，以坚定的态度披露、遏止、惩处财务造假，从而促进中国的投资环境向好向优发展，实现经济高质量发展。

2. 启发思考题及分析

学习本案例后，我们会提出以下思考题：

（1）结合案例，查阅相关资料，分析案例一与案例二中财务造假的手段分别是什么？

（2）结合舞弊三角理论和案例，分析案例三中财务造假的动因是什么？

（3）结合所学相关知识及社会主义核心价值观中的诚信内容，谈谈如何坚持会计诚信，拒绝财务造假？

四、参考文献

［1］刘建超，陈敏. 基于GONE理论的新零售企业财务舞弊风险分析：以瑞幸咖啡为例［J］. 商业会计，2020（20）：64-69.

［2］金融界. 浑水公司做空瑞幸咖啡调查报告全文（中文版）［EB/OL］.（2020-04-20）［2021-08-20］.https://www.sohu.com/a/385208807_114984.

［3］田园，秦春霖. 新三板企业财务舞弊问题探讨：以新绿股份为例［J］. 邢台学院学报，2020，35（4）：86-91.

［4］高榴. 境内上市公司海外业务财务造假问题研究：基于雅百特案例的分析［J］. 中国注册会计师，2020（10）：122-125.

［5］王建新，李中伟，李建林. 上市公司跨境业务审计问题研究：以雅百特审计失败案为例［J］. 会计之友，2020（24）：8-12.

［6］张潇丹. 基于舞弊三角理论的瑞幸咖啡财务造假案例研究［J］. 中国林业经济，2021（3）：117-120.

第三章
流动资产

加强储备粮食监管，提倡反腐倡廉文化

——国家储备粮库存监管的案例分析

戴泽伟

一、案例概况

1. 案例针对对象

本案例针对对象为全校本科一年级学习大学科基础课程会计学的学生。本案例适用章节为《会计学》(第九版，赵德武主编）第三章流动资产。

2. 案例教学目标

通过学习该案例应达到以下目标：

知识目标：强化学生对存货盘点和存货管理重要性的理解。

能力目标：培养学生利用财务与会计的基本理论知识，分析粮油储备对国家的重要战略意义；进一步地，了解实地盘存制和永续盘存制在国家粮食储备监管方面的重要作用和具体的实践操作知识。

价值目标：习近平总书记高度重视反腐倡廉文化，指出“实践使我们越来越深刻地认识到，管党治党不仅关系党的前途命运，而且关系国家和民族的前途命运，必须以更大力气的决心、更大的勇气、更大的力气抓好”，“要让每一个干部牢记‘手莫伸，伸手必被捉’的道理”。习近平总书记高度重视国家的粮食安全，指出“保障粮食安全是一个永恒的课题，任何时候都不能放松”。本案例的价值目标在于通过对近年来国内粮食库存监管相关的典型案例描述，帮助学生了解国家粮食安全的重要性、国家粮食储备体系的重要性、国家粮食储备案件中的一些造假手段和识别方法、会计职业道德和国家安全之间的联系以及提升学生对会计职业道德重要性的认识。

二、案例正文

1. 粮食安全的重要性

在和平年代，人们容易忽视粮食安全的重要性。其原因有二：

第一，发达国家的经济结构表明，第一产业在 GDP 中所占的比重越来越低。根据国家统计局 2020 年公布的数据，我国第一产业占 GDP 的比重为 7.7%（见图 3-1），从增量贡献来看，农业对 GDP 贡献越来越低。因此，数据对比易形成一种错误的印象“农业越来越不重要了”。

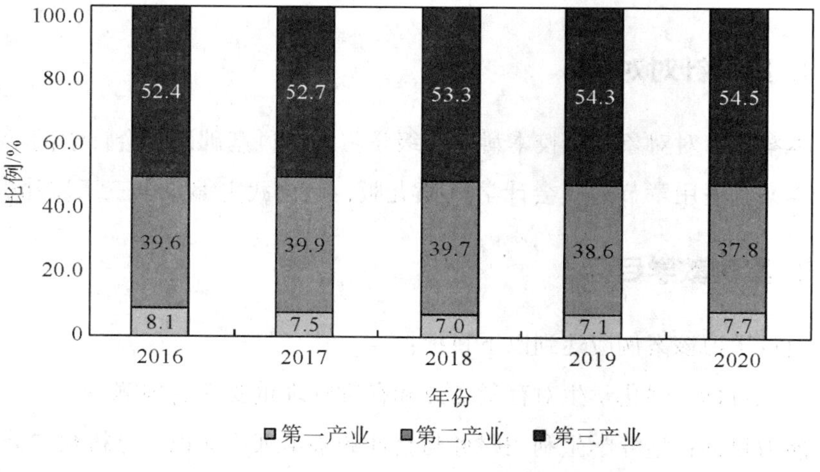

图 3-1　三次产业占 GDP 的比重

数据来源：国家统计局《2020 年国民经济和社会发展统计公报》。

第二，受国际产业分工理论和国际贸易理论的影响。在国际产业分工理论的影响下，每个国家或地区应该寻找自己具有相对比较优势的产业，而并非需要在所有的领域发力，即只需要守住自己擅长的领域。我国农业生产相对于欧美一些国家而言，生产效率较为低下，缺乏比较优势。因此，从国际产业分工理论和国际贸易理论的角度，我国可以用我们的工业品去交换其他国家的农产品，这种局面是“双赢”的局面。

然而，上述理论分析的缺点在于忽视了“分工加贸易”的格局需要建立在一个有序、健康、稳定的外部环境和内部环境之中。当受到某种因素的影响，如国际贸易中断或内部动乱时，粮食供给会迅速减少，而粮食供给本身具有周期性，短期内难以迅速弥补其他环节供应中断带来的短缺。粮食的需求供给弹性很低，在这种情形下，粮食价格会迅速上涨，影响国民生命安全。粮食安全是国民经济发展的压舱石，是降低外部贸易风险和内部动乱风险最为关键的保障。因此，在和平年代，“忘粮必危”。我们应当居安思危，牢牢地将饭碗端在自己手里面。

2. 实现粮食安全的手段

国家粮食安全的保障需要“存量”+“流量”双管齐下。所谓存量保障，主要是指国家建立的粮食储备制度。我国政府早在 1954 年《关于粮食征购工作的指示》中就明确表示，国家必须储备一定数量的粮食来应付灾荒等意外事件的发生。1962 年，中共中央发布的《关于建立粮食工作的决定》明确要求，建立粮食储备制度，做到年年储一点并逐年增加。1990 年 9 月，国务院出台《关于建设国家专项粮食储备制度的决定》，初步形成了中央、省级、地县级三级储备体系。1999 年，国家决定建立中央储备粮垂直管理体系，将国家粮食储备局改为国家粮食局，作为国务院直属机构，同时组建中国储备粮管理总公司，专门负责中央储备粮的经营管理。2003 年，国务院出台了《中央储备粮管理条例》，该条例对中央储备粮的计划、储存和动用等各个环节作出了全面的规定，由此建立起中国现代的粮食储备制度。国家粮食储备制度有助于我国在面临内外部不确定性因素或重大系统性风险时，保证居民粮食供应、抑制物价，从而保证居民的财产安全和生命安全。

所谓流量保障，主要是指国家借助于现代科技、现代管理、国际贸易等手段，提高粮食产量，实现粮油产品的稳定供给。现代生物科学技术的发展，如袁隆平的杂交水稻技术、海水稻技术等，有助于提高粮食产量，增加粮食供给。现代管理主要是借助于现代科学管理理念，在粮食的供产销环节去掉一些“繁文缛节”，降低交易成本，增加粮食生产和销售的积极性，降低粮油产品成本。国际贸易主要是借助于国外粮食生产的比较优势，增加国内粮油产品供给，降低国内粮油产品价格，保证居民粮食消费。

上述保障体系中，存量保障是基础，是压舱石，我们不可能将自己的饭碗寄托于其他国家或地区，并被其所控制。

3. 粮油库存领域的一些典型案例

（1）案例一：粮食入库环节，称重计量仪造假，400 吨中央储备粮不翼而飞。

2019 年，中央储备粮宁乡直属库有限公司在对本季所采购的早稻进行仓平测量时发现，有 400 吨粮食不翼而飞。400 吨粮食对于宁乡直属库而言，不是一个小数字。这明显不会是由于收发计量出错导致的。那么，这 400 吨粮食到底去哪里了呢？

在排除粮库“内鬼”的可能性后，通过技术人员对粮库电子设备的全方位检修发现——粮库计量室的称重计量仪电路板被人为加装了小块电路板以及天线，该装置经过遥控器指挥，可以任意改变称重计量仪上显示的数字。后经公安人员侦查，张某亮、王某安等有重大嫌疑，最终张某亮、王某安被法院以诈骗罪分别判处有期徒刑 10 年 3 个月、10 年 1 个月，并各处罚金 3 万元，其余 24 名被告也都受到了相应的处罚。

案例评述：该案例显示了存货期末实地盘点和永续盘存制的重要性。对于粮食采购和库存管理而言，粮食采购数量有较为准确的数量记录，粮食的销售等也有较为准确的数量记录。根据存货盘点公式“期初存货数量+本期新增存货数量=本期发出存货数量+期末存货数量”，因此粮食期末存货数量在账面上应当有较为准确的数量记录。当然，由于粮食采购批量大、计量工具不准确，可能会无意识地导致收发计量出错。但是，在逻辑上，期末账面数量与实地盘点数量差异不应当过大。如果差异过大，那么要适当怀疑在存货采购时是否虚增了采购数量，或者粮食被偷卖出去而账上没有反映。在本案例中，不法分子借助高科技手段，虚增了粮食采购数量。对粮食库存监管采用永续盘存制和期末实地盘存，有助于倒推本期发生的粮食亏空，进而分析原因。对于上述案例，如果该粮库未采用永续盘存制和期末实地盘点制度相结合的方法，那么可能也不会发现电子秤被操控的事实。

（2）案例二：“转圈粮”的骗局——陈粮未动，会计账面变动，骗取国家收购和补贴资金。

2011 年 11 月，河南省周口直属粮库主任乔某军涉嫌携款 3 亿多元外逃，河南省检察机关立即介入侦查。经查，2009 年 6 月至 2011 年 7 月，乔某军与粮商勾结，让粮商销售粮库中的“储备转换粮”，或者虚报“托市粮”收购数量，骗取国家粮食收购资金和差价补贴。卖粮款和收购资金5 笔共计 2.37 亿元未入粮库账户，而是直接转入其指定的个人账户，经地下钱庄流入境外。

在查办乔某军案件的过程中，河南省检察院不断收到有关举报材料，最后牵出震惊中国的“河南粮库”窝案。其中涉及中储粮河南分公司干部员工 81 人，包括中储粮河南分公司原总经理李某轩、原副总经理杨某杰以及 26 名直属粮库主任等处级干部。中储粮河南分公司 51 个下属粮库，至少有 35 个粮库存在“转圈粮”，累计查出各直属粮库“转圈粮” 14 亿千克，直接骗取的国家粮食资金超过 7 亿元。当年账面显示，中储粮河南分公司从农民手中收购了河南省 80%以上的粮食，而实际收购数量不到 50%。

所谓“转圈粮”，主要是指在每年“托市粮”收购前，粮库要按计划在粮食市场拍卖掉陈粮，腾出库容为收购新粮做准备。一些基层粮库与粮商或面粉生产企业串通，让其购买粮库陈粮，等当年的“托市粮”开始收购时，粮库再从企业手中把陈粮买回来。在这个过程中，陈粮在粮库中原地未动，账目上却显示大进大出。

在李某轩一案中，中储粮河南分公司多个基础直属粮库与个体粮商、面粉生产企业等勾结，玩起了“转圈粮”，赚取“托市粮”收购价和陈粮售出价之间的差价补贴，并且还可以获得每吨托市粮 50 元的手续费、86 元的保管费、30 元的轮换手续费。

案例评述：“转圈粮”的操作手法，实际上向我们展示了“存货质量盘点”问题的重要性。一直以来，在存货盘点领域，我们往往只关注账面存货数量和实际盘点数量是否一致。如果存货账面数量和实际盘点数量相一致，或者差异不大，那么一般默认没有太大问题。正是这种不完善的理念给实务中的“偷梁换柱”留下了非常大的操纵空间。因此，账实相符不仅是存货账面数量与盘点数量的相符，而且也是存货账面质量与实际盘点出来的存货质量相符。“转圈粮”的操作手法，实际上就是在存货数量上做到了账实相符，而在存货质量上没有做到账实相符，利用存货质量等级差异赚取差价，赚取新粮和陈粮因为质量差异的差价。这种操作手法如果在出入库手续虚构链条完整的基础上，还是比较难被发现的，主要是因为陈粮和新粮的品级差异可能需要专业技术认定，单凭肉眼是很难观察到的。

（3）案例三：虚开结算凭证、虚增重量、虚构交易，粮库负责人靠粮敛财。

2014 年 8 月至 2017 年 12 月，位于安徽省光明市的明光桂花收储库原负责人陈某国利用职务之便，采用伙同第三方虚开结算凭证、虚增粮食采购数量等手段，骗取国家粮食收购资金 131. 4 万余元。

经查，2015 年 11 月下旬，粮商纪某向陈某国提议在其送粮时虚增粮食重量，并许诺将骗取的国家粮食收购资金付给陈某国。陈某国于是在纪某的 27 车次粮食上动了手脚，每车虚增 3~9 吨不等，扣除水杂，虚增粮食结算重量共计 107. 646 吨，骗取国家粮食收购资金共计 29. 7 万余元，陈某国得款 24. 4 万元。同期，陈某国如法炮制，在赵某销售 7 车次粮食时，每车按毛重 4 吨虚增，扣除水杂后，虚增的粮食结算重量为 26. 144 吨，骗取国家粮食收购资金 7. 2 万余元，这笔钱全部进了陈某国腰包。

不仅虚增重量，陈某国还变本加厉，虚构起了交易。在陈某国的指挥下，该粮库虚开 4 份共计 39. 25 吨粮食收购结算凭证，有 10. 8 万余元后来全部进了陈某国的个人账户。顺利得手后，陈某国又虚开了 10 份共计 303. 184 吨粮食收购结算凭证，骗取国家粮食收购资金共计 83. 6 万余元。

2020 年 6 月 29 日，陈某国因犯贪污罪被判处有期徒刑 3 年，并处罚金 28 万元，对其违法所得予以追缴。

案例评述：该案例再次向我们展示了存货实地盘点的重要性。无论是在采购时虚增重量，还是直接虚增收购结算凭证，都会导致实际粮食数量低于账面粮食数量。对于这些造假手段，只要通过实地盘点，考察账面数量与实际数量的差异，在扣除一些正常的损耗基础上，就很容易判断出在相关环节是否存在贪污舞弊。因此，定期实地盘点制度是维护粮食安全异常重要的制度。在该案例中，陈某国通过类似操作手法，3 年之后才被发现，也意味着粮食库存管理制度存在漏洞和缺陷。关系国家粮食安全的这些重要领域应当定期巡查或盘点。如果有定期盘点制度，那么这些贪污和腐败事件会提前暴露，而不是在已经造成较大损失之后才被发现。

三、案例分析

1. 案例蕴含的思政元素

习近平总书记高瞻远瞩，一直强调“粮食安全”对我国国民经济发展的重要性。保障粮食安全的一个重要举措，就是我国逐渐建立并完善的国家储备粮体系。与此同时，国家储备粮体系大案、要案偶有发生。这些贪腐案件直接威胁到国家粮食储备安全和国民生命安全。因此，储备粮监管体系的完善就异常重要。在各种监管措施中，粮食质量和数量的盘点又是重中之重。无论是在采购、销售过程中的贪腐还是粮食保管过程中的贪腐，只要采用永续盘存制和实地盘点相结合的方法，迟早会被发现。上述案例也向我们揭示了需要进一步完善粮食盘点制度。例如，不仅要关注存货数量，也要关注存货质量；应当形成定期盘点和巡视制度，才能将贪腐扼杀在萌芽状态。

2. 启发思考题及分析

学习本案例以后，我们会提出以下思考题：

（1）国家粮食储备环节还可能存在什么样的造假手段？如何识别和防范这些造假手段？

（2）作为会计专业学生，你还可以从哪些角度去完善国家粮食储备体系、维护国家粮食安全？

（3）如何保证粮食实地盘点环节的公平公正性，并在该环节扼制贪腐行为？

四、参考文献

［1］法制日报. 中储粮系统发生多起贪腐案件 官商勾结“啃”粮库［EB/OL］.（2013-10-10）［2021-08-08］. http://politics.people.com.cn/n/2013/1010/c70731-23149150.html.

［2］人民网. 保障粮食安全 习近平总书记始终惦念［EB/OL］.（2020-07-25）［2021-08-08］. http://theory.people.com.cn/n1/2020/0725/c40531-31797615.html.

注册会计师诚信问题

——以 L 会计师事务所为例

李海燕

一、案例概况

1. 案例针对对象

本案例针对对象为全校本科一年级学习大学科基础课程会计学的学生。本案例为描述性案例，适用于会计学课程中会计职业道德部分的教学。

2. 案例教学目标

通过学习该案例应达到以下目标：

知识目标：帮助学生理解注册会计师、审计、连带赔偿责任的概念；帮助学生掌握会计责任与审计责任的区别、违反会计法律法规的处罚措施。

能力目标：通过阅读材料，提炼会计诚信的相关知识点；通过对案例的分析讲解，帮助学生系统地了解相关知识，引导学生培养分析问题的能力。根据案例材料，帮助学生能就上市公司与会计师事务所诚信情况进行初步的判断，运用适当的理论知识，就提高上市公司与注册会计师诚信度提出合理的政策建议。

价值目标：通过案例，引入社会主义核心价值观和中华优秀传统文化中的诚信元素，把握我国会计诚信面临的困难与相关症结，养成诚信做人的品质和会计人诚信的意识。

二、案例正文

1. L 会计师事务所两次被判决承担连带赔偿责任

（1）2018 年，L 会计师事务所因 D 公司案被判决承担连带赔偿责任。

2015 年 5 月，D 公司因 2013 年虚增收入等行为，被中国证监会立案调查。2016 年 7 月 26 日，D 公司收到中国证监会的行政处罚决定书，被处以 60 万元罚款。同时，负责 D 公司 2013 年年报审计工作的 L 会计师事务所因未尽勤勉责任，未执行必要的审计程序，被中国证监会责令整改、没收业务收入 70 万元，并被处以 210 万元罚款。依据中国证监会的处罚，投资者纷纷起诉 D 公司与 L 会计师事务所，要求其赔偿因虚假陈述给投资者带来的投资差额损失。2018 年 10 月 5 日，法院判决 L 会计师事务所承担连带赔偿责任，这意味着 L 会计师事务所因审计失败，与 D 公司共同承担赔偿投资者差额损失的责任。

（2）2019 年，L 会计师事务所因 J 公司案被判决承担连带赔偿责任。

2018 年 6 月，J 公司因涉嫌欺诈发行股票等违法行为被中国证监会移送公安机关。深圳证券交易所正式启动对 J 公司的强制退市机制。2018 年 8 月上旬，中国证监会认定 L 会计师事务所在对 J 公司 2014 年度财务报表审计时未勤勉尽责，出具了存在虚假记载的审计报告，合计罚没 360 万元。2018 年 9 月，投资者诉 J 公司虚假陈述案增加 L 会计师事务所为被告。2019 年 9 月 27 日，法院发布判决书，L 会计师事务所（特殊普通合伙）因 J 公司财务造假事宜，被判决承担连带赔偿责任。

2. 相关案件

（1）D 公司“虚假陈述案”尘埃落定，股民获赔差额损失和佣金。

2016 年 7 月 22 日，中国证监会通报：D 公司虚增 2013 年度利润 1.2 亿元，责令进行整改，给予警告，并处以 60 万元罚款；对张某虹（D 公司董事长兼总经理）等 14 名责任人员给予警告，并处以 3 万元至 30 万元不等的罚款；对张某虹等 5 名责任人员采取 5 年证券市场禁入措施。

中国证监会作出处罚决定后，3 819 名投资者向 D 公司提起了民事诉讼，索赔金额高达 5 亿多元，经法院判决和调解最终实际赔偿了 3 亿多元。

（2）J 公司案。

法院发布的判决书显示，法院对 J 公司、周某辉等人涉嫌欺诈发行股票罪、违规披露重要信息罪等事项已审理终结并作出一审判决。法院查明，2008—2009年 7 月，被告人周某辉作为 J 公司的股东、董事长及实际控制人，为使 J 公司在 A 股顺利上市挂牌交易，以 J 公司名义授意时任财务总监花某国、销售经理郑某强等人进行财务数据造假，并要求 J 公司其他部门员工予以协助配合，虚增、夸大 J 公司 2006—2008 年以及 2009 年第一、二季度营业收入及盈利能力。

J 公司在向中国证监会提交的首次公开发行股票并在创业板上市招股说明书等文件中使用上述虚假数据，隐瞒 J 公司真实经营状况。后经中国证监会核准，J 公司于 2009 年 10 月 30 日在深圳证券交易所正式挂牌交易，获准公开发行股票人民币普通股 3 700 万股，募集资金净额 3. 918 6 亿元。此举，构成欺诈发行股票罪的犯罪事实。

J 公司于 2013 年大幅亏损，为扭转亏损，时任公司董事长周某辉授意时任财务总监丁某和进行财务数据造假，通过虚构客户、伪造合同、伪造银行单据、伪造材料产品收发记录、隐瞒费用支出等方式虚增利润。2015 年 4 月1 日，J 公司依据虚假的账套核算数据对外披露了 2014 年度财务报告。该行为构成违规披露、不披露重要信息罪的犯罪事实。

综上，一审法院判决，J 公司犯欺诈发行股票罪，判处罚金 392 万元。

法院认为，鉴于被告人周某辉主动向公安机关投案并如实供述其犯罪事实，系自首，依法可以从轻或减轻处罚。被告人周某辉犯欺诈发行股票罪，判处有期徒刑 2 年；犯违规披露重要信息罪，判处有期徒刑 1 年 6 个月，并处罚金 10 万元，数罪并罚，决定执行有期徒刑 3 年，缓刑 5 年，并处罚金 10 万元（缓刑考验期限从判决确定之日起计算。罚金于判决生效后 30 日内缴纳，期满不缴纳的，强制缴纳）。

此外，被告人花某国、郑某强犯欺诈发行股票罪，各判处有期徒刑 1 年 6 个月，缓刑 3 年。

三、案例分析

1. 案例蕴含的思政元素

本案例的思政元素主要是社会主义核心价值观中的诚信。诚信是社会主义核心价值观的重要内容。诚信，即诚实守信，是人类社会千百年传承下来的道德传统，强调诚实劳动、信守承诺、诚恳待人。中国古代社会非常重视诚信。先秦时期，儒家就提出“诚”“信”的概念，并把诚信作为修身、处世、治国的基本美德。《礼记·中庸》把“诚”视为本性和礼的核心范畴，认为“诚笃之德”是达到“天人合一”境界的前提。荀子则进一步认为“诚”为“政事之本”。到了南宋时期，朱熹认为“信”不仅是“仁”的表现，更是人们交往的准则。显然，在中国传统思想中，诚信不仅是一个基本的伦理概念，更是人们立身处世的基本品质之一。

诚信是会计与生俱来的品质，是注册会计师的道德基石。在社会主义市场经济体制中，诚信是对社会的一份承诺，是给社会公众的一个交代。注册会计师行业不同于一般行业，它是通过做出专业判断而披露被审计单位相关会计信息的专业机构，对出具的报告负法律责任。注册会计师的工作成果不仅关系到广大投资者的合法权益，还关系到其他社会相关方的切身利益，具有显著的社会性。从某种意义上说，注册会计师出具的报告是信用的象征，其披露的会计信息必须真实、完整、客观、公正。因此，注册会计师行业必须高度注重诚信。诚信、客观、公正、独立性、专业胜任能力、应有的美德、保密和良好的职业行为是注册会计师必须具有的职业道德基本原则。

2. 启发思考题及分析

学习本案例以后，我们会提出以下思考题：

（1）结合案例与会计学知识，谈谈会计责任与审计责任有何区别？会计诚信与审计诚信有何区别？

（2）结合案例与《中华人民共和国会计法》《中华人民共和国注册会计师法》，分析案例中的案件为何对上市公司与会计师事务所的处罚不同。

(3) 结合会计、审计相关知识及社会主义核心价值观中的诚信内容，谈谈如何做到会计诚信、审计诚信？

四、参考文献

[1] 王慧. 关于审计诚信涵义的思考 [J]. 经济论坛，2017 (6)：138-140.

[2] 王建发. 论会计责任与审计责任的关系 [J]. 山西财政税务专科学校学报，2014，16 (1)：43-44.

发展供应链金融，弘扬创新精神

——关于深化供应链金融改革的一些思考

底璐璐

一、案例概况

1. 案例针对对象

本案例针对对象为全校本科一年级学习大学科基础课程会计学的学生。本案例适用章节为《会计学》(第九版，赵德武主编）第三章流动资产。

2. 案例教学目标

通过学习该案例应达到以下目标：

知识目标：强化学生对应收款项的理解。

能力目标：培养学生利用理论知识进行职业判断的能力，具体说来就是利用会计学中应收账款管理进行理性分析，应该如何定义应收款项并重点了解应收账款的管理。

价值目标：习近平总书记指出，创新是引领发展的第一动力。抓创新就是抓发展，谋创新就是谋未来。本案例的价值目标就在于尝试从应收款项理论出发，帮助学生明确创新对于个人、社会和国家的意义；帮助学生明确应该如何进行个人塑造，提升创新能力进而对社会和国家做出贡献。

二、案例正文

会计学作为一门财经类高校大学科基础课程，不仅需要帮助学生掌握会计的基本理论和方法，更需要帮助学生树立正确的商业伦理和职业价值观。更进一步，在当前我国大力推行创新驱动发展战略阶段，要想推动经济发展方式转变和经济结构调整必须重视科技创新。广大学生作为新一代青年，要激发创新热情，持续发力，方能形成有利于创新的政策环境和制度环境。因此，会计学课程有机融合思政内容是非常必要的。

本案例旨在利用会计学中应收款项这部分内容的讲授帮助学生树立创新意识、提升创新能力，即利用我国推动供应链金融改革以解决企业融资难的问题的案例，帮助学生树立创新观念，激发创新热情。

基于此，本案例按照如下顺序推进：

1. 理论讲解应收款项的定义

教师应帮助学生明确应收款项的定义为企业在生产经营活动和非生产经营活动中因赊销产品或提供劳务所取得的债权。

应收款项包括应收账款、应收票据、预付账款。

应收账款是在一年或一个经营周期内由于经营活动的交易行为而形成的向其他企业或个人取得货币、商品或劳务的要求权。

应收票据是指企业持有尚未到期的票据，如持有某企业一年期票据，到期收回本金和利息。

预付账款是指企业预付的资金。

2. 重点讲解应收账款的核算

本部分的讲解需要达到两个教学目标：其一，帮助学生理解和掌握如何进行应收账款的核算；其二，帮助学生理解和掌握如何估计坏账。

教师在介绍完应收账款的账户设置以及账户结构后，应为学生介绍一般的应收账款业务处理。

教师应在学生理解了基础的应收账款应该如何确定入账价值后，深入剖析应收账款的经济本质，帮助学生理解应收账款是一种供应链上的商业信用，是一项资产，并且具有融资性质。

教师应帮助学生明确该类资产在什么情况下会减少以及坏账也会对企业的风险产生一定的影响。

接下来，教师开始扩展案例，讲述我国在供应链金融创新方面所做的工作。

首先，教师可以介绍我国为了发展供应链金融创新所出台的政策，如2020年9月中国人民银行会同工业和信息化部、司法部、商务部、国资委、市场监管总局、银保监会、外汇管理局出台了《关于规范发展供应链金融、支持供应链产业链稳定循环和优化升级的意见》，该意见提到要稳步推动供应链金融规范、发展和创新，促进经济良性循环和优化布局。

其次，教师应引导学生了解如何利用应收账款在供应链金融平台上进行融资，详细展示融资过程。

最后，教师以非常典型的成功案例——海尔集团为例，介绍供应链金融为实体经济带来的好处，验证了我国创新供应链金融的现实意义（“海融易”是海尔集团的供应链金融平台，在海尔供应链金融模式中，海尔为上下游提供信息担保，将金融的传统风控、支付系统的大数据风控、产业风控融合为一体，来解决中小企业的融资难问题）。

3. 提出问题：通过应收账款的学习以及我国发展供应链金融的过程，你学习到了什么？

在经过了以上的理论和案例知识储备以后，学生基本上已经开始意识到应收账款的属性以及管理应收账款的方法。教师应更进一步帮助学生扩展企业如何利用应收账款进行融资以缓解融资压力。

此时，教师可以提出问题：随着经济的发展，我们国家做出了巨大努力，在这个过程中你是否学到了创新精神？

对于这个问题，学生普遍会回答感受到了我国大力弘扬的创新精神。因此，教师可以做如下总结：国家为了解决发展过程中的种种问题，尚在不断追求创新，而我们作为新一代青年更是需要树立创新意识，打破常规，时刻保持创新的激情来迎接学习与生活中的挑战。

案例的最后，教师可以为学生展示习近平总书记一直提倡的弘扬创新精神的重要论述，激发学生的创新热情，让学生明白创新是发展的第一动力。

三、案例分析

1. 案例蕴含的思政元素

本案例的思政元素既是讲授专业的理论知识，又是利用该理论知识为学生树立正确的人生观、价值观的一种尝试。本案例有机结合了专业理论和课程思政。

学生理解了本案例，可以加深对理论知识的理解，了解国家为了解决中小企业融资难问题而在发展供应链金融过程中进行的种种尝试，了解国家不断创新发展供应链金融平台以实现有效整合整个供应链的资金并提升运作效率的目标。学生可以感悟到自己也应该树立创新意识并不断保持创新热情，这样才能在未来的人生道路上一直有所突破并成为对社会和国家有用的人。

2. 启发思考题及分析

学习本案例以后，我们会提出以下思考题：

（1）为了让自己树立创新意识，您可以做出哪些努力？

（2）您认为您的专业还需要如何不断创新并可以为社会做出哪些贡献？

（3）为了成为社会和国家的有用之才，您将如何规划您的专业发展路线并保持创新热情？

四、参考文献

[1] 龚强，班铭媛，张一林．区块链、企业数字化与供应链金融创新[J]．管理世界，2021，37（2）：22-34.

[2] 江伟，姚文韬．《物权法》的实施与供应链金融：来自应收账款质押融资的经验证据[J]．经济研究，2016，51（1）：141-154.

[3] 卢强，刘贝妮，宋华. 中小企业能力对供应链融资绩效的影响：基于信息的视角 [J]. 南开管理评论，2019，22（3）：122-136.

[4] 宋华，卢强. 基于虚拟产业集群的供应链金融模式创新：创捷公司案例分析 [J]. 中国工业经济，2017（5）：172-192.

[5] 徐可，何桢，王瑞. 供应链关系质量与企业创新价值链：知识螺旋和供应链整合的作用 [J]. 南开管理评论，2015，18（1）：108-117.

第四章
非流动资产

立足自主创新，奋斗为了祖国

——基于企业研发创新的思考

王雨诗

一、案例概况

1. 案例针对对象

本案例针对对象为全校本科一年级学习大学科基础课程会计学的学生。

本案例适用章节为《会计学》(第九版，赵德武主编）第四章非流动资产。

2. 案例教学目标

通过学习该案例应达到以下目标：

知识目标：帮助学生理解研发费用、研发资本化支出、无形资产、政府补助的概念；掌握高管短视行为和长期投资发展的信号与条件。

能力目标：第一，提升学生的系统思维能力，让学生通过阅读材料，提炼研发要素的相关知识点。教师通过对材料的分析讲解，帮助学生系统地了解相关知识，引导学生培养分析问题的能力。第二，提升学生的判断实践能力。帮助学生根据案例材料，就我国高新技术企业的研发投入和政府补助进行初步的判断，运用适当的理论知识，就提高企业和公民的爱国意识和长期敬业情怀提出合理的政策建议。

价值目标：通过案例，引入社会主义核心价值观和中华优秀传统文化中的爱国与敬业的思政元素，帮助学生把握我国企业和个人在长期研发投入过程中所面临的困难与机遇，培养学生养成不惧艰难、长期投入的意识，避免短视行为。

二、案例正文

本案例可以运用于会计学课程中的“非流动资产”部分。非流动资产包括债权投资、长期股权投资、固定资产、无形资产、投资性房地产等。非流动资产不同于流动资产，其变现能力弱于流动资产，尤其是企业从研发投入到最终回报可能会历经数年之久，颇有“十年磨一剑”的意味。这种长期投入更需要学生理解企业在短期盈利与长期发展间的抉择问题。此外，并不是所有的研发投入都能最终转化成资产，其中的试错也是必要的过程。当今社会，“挣快钱”“赚流量”等放弃长远发展的短视行为，正冲击着部分大学生的价值观，甚至使他们在本该认真积累的阶段心浮气躁。因此，在课程中有机地融入树立远大理想、注重长期投入是非常必要的。此外，个人的发展离不开历史的进程，能让我们心无旁骛地投入个人长期发展，强大祖国的支持也是非常重要的。

本案例就是要利用会计学课程“非流动资产”部分中的研发投入及创新的内容，帮助学生重新认识秉持长远眼光与珍惜当下时间的关系，理解无论是国家、企业，还是个人的发展，都离不开“十年磨一剑”的历练，每个人的成功都离不开在工作岗位上兢兢业业。这样才能在自身投入长期的“研发费用”后，转化成独属于自己的“无形资产”，创造自身价值。同时，学生通过学习本案例后能理解实现个人的梦想，离不开国家和社会的发展，祖国母亲是我们一往无前的坚实后盾，而个人和企业的发展也可以助力祖国富强。本案例与社会主义核心价值观中的爱国、敬业紧密相关。

基于此，本案例按照如下顺序推进：

1. 理论讲解研究开发与企业创新的特征

教师应帮助学生明确研究与开发阶段的差异。研究阶段是探索性的，未来成功与否的不确定性较大，因此这部分需要计入当期损益，也就是费用化，可以进行税前扣除。开发阶段在研究阶段之后，在很大程度上具备了形成一项新产品或新技术的基本条件，因此需要根据企业会计准则的有关规定，判断特定无形资产是否符合资本化。判断特定无形资产是否符合资本化的条件有以下五个，且必须同时满足才能构成资本化条件。

（1）完成该无形资产以使其能够使用或出售在技术上具有可行性。

（2）具有完成该无形资产并使用或出售的意图，即企业能够说明其开发无形资产的目的。

（3）无形资产产生经济利益的方式包括能够证明运用该无形资产生产的产品存在市场或无形资产自身存在市场，无形资产将在内部使用的，应当证明其有用性。

（4）有足够的技术、财务资源和其他资源支持，以完成该无形资产的开发，并有能力使用或出售该无形资产。

（5）归属于该无形资产开发阶段的支出能够可靠计量。

在企业的开发活动同时满足上述五个条件后，企业开发活动发生的支出就可以计入计税基础，直至无形资产达到预定可用状态

2. 结合创新阶段的特征，引入企业短视行为的概念，并帮助学生理解公司有为了眼前利益牺牲长远创新发展的压力

企业研发投资可以自然地联系到现实生活中的一个权衡问题：到底是享受短期盈利，还是在当前增加投入，聚焦长远发展？创新活动作为一个具有高度不确定性的投资活动，进一步加剧了企业短期利益与长期发展的权衡问题。

教师通过讲解什么是企业短视问题、有哪些因素加剧企业短视，引入会计学研究的常见理论。

3. 引入企业创新案例

（1）科大讯飞的行业情况和发展历史。

企业可能会面临是否要“咬牙”进行创新投入的选择，教师引入中国语音识别领域进行了大量创新投入的企业——科大讯飞，引导学生看看这家企业做到了什么。本部分的讲解需要达到的教学目标是通过展示一个竞争激烈的高科技企业的现状，引导学生思考这家企业成为行业领军者的秘诀是什么？

“用人工智能建设美好世界”，是2019年科大讯飞年度报告上的第一句话，也是科大讯飞董事长刘庆峰坚持多年的发展目标。在大众对科大讯飞的认识还基于传统的语音识别和机器翻译时，这个立足于“顶天立地、自主创新”的企业，在人工智能领域深耕已久。科大讯飞不仅在为移动互联网、智能硬件的创业开发者和海量用户提供人工智能开发与服务，还在教育、医疗、会议、政法、智慧城市等领域实现了源头技术创新和产业应用的良性互动。

纵观科大讯飞的发展历程，可以看出该公司是一家将产学研结合得很好的企业。1999年，科大讯飞由一群怀着民族责任感的大学生创建，与中国科学技术大学、中国社会科学院共建实验室。2008年，科大讯飞在深圳中小企业板上市，是首个中国大学生自主创业的上市公司。其创始人兼董事长是中国科学技术大学的兼职教授、博士生导师；其董事会里有相当数量的专业技术人员。强大的技术实力赋予了科大讯飞产品的核心竞争力。

在人工智能的大潮下，科大讯飞无疑是该领域冉冉升起的新星。依托最初在语音识别领域的强大技术实力，其产业已深度布局人工智能全产业链。《2020中国智能语音产业发展白皮书》显示，科大讯飞在语音识别领域的市场占有率稳居国内前列。《2018—2023年中国人工智能行业市场竞争现状分析与投资趋势研究报告》显示，科大讯飞在电信、金融、电力、社保等主流行业的市场份额占80%以上。

除了坚持最初深耕的语音识别领域外，科大讯飞的产业布局也不断向外拓展。科大讯飞2019年年报披露，其主营业务的产品收入来源包括了教育领域、智慧城市、政法业务、开放平台及消费者业务、汽车领域、智能服务、智慧医疗和其他八大内容。其中，教育领域、智慧城市、政法业务、开放平台及消费者业务四项占科大讯飞超过90%的主营业务收入。

早期的科大讯飞为了存活并支撑研发投入，以语音为核心，为华为、联想、金利等公司提供技术支持，在经历了相当长时间的原始积累后，在2004年实现盈亏平衡，2008年上市时实现盈利。在以第三代移动通信技术（3G）为主导的移动互联网变革下，科大讯飞通过提前在产业链上的技术布局积累，终于顺应时势，面向消费者的语音业务迅速发展。2014年，科大讯飞将人工智能带到台前，并于2016年将提炼过的讯飞使命、愿景和价值观置于台前，打算从语音识别领域开始深入人工智能领域，成为人工智能领域的生态龙头公司。

通过以上的讲解，学生了解到了一个行业佼佼者的发展脉络和过程。教师可以向学生提出问题，引导学生思考：科大讯飞为何能成为语音识别领域的佼佼者，并进一步进军人工智能领域？

（2）科大讯飞在人才和创新上的布局。

教师在向学生提出科大讯飞为何能成为语音识别领域的佼佼者这个问题后，自然会有学生认为这可能是科大讯飞在研发上的独特优势。接下来，教师应为学生进一步展示科大讯飞对研发的重视以及近年来的研发投入情况。

首先，教师向学生展示科大讯飞对人才的重视。

从立足以语音识别的 AI1.0，到现在全产业链布局，涉及智慧医疗、智慧教育等复杂场景的 AI2.0，科大讯飞的客户已经覆盖政府（2G）、企业（2B）、消费者（2C）。到底有哪些因素在科大讯飞的发展中起到决定性的作用？在面临种种约束之时，科大讯飞又是如何应对的呢？我们可以从科大讯飞的年报中找到相关答案。

科大讯飞从创立之初就始终坚持“人才是公司最大的资产，人才的升值是公司最重要的升值”的核心人才观，将人才作为公司最宝贵的资源和财富。针对人力资源风险，科大讯飞除加大高端人才的引进力度外，还持续推进与中国科学技术大学、清华大学、北京大学、中国科学院大学等大学和科研院所合作办学，共建人才实训基地等多种模式，定向培养智能语音技术人才。科大讯飞持续深化实施职级制、绩效考核等一系列内部激励机制，包括发布的《董事会关于股票期权授予相关事项的公告》《股票期权激励计划人员名单》等公告。这些期权授予，除授予企业行政领导外，还授予研发骨干人员，这就不断吸引更多人才的加入。

从科大讯飞的招股说明书就可以看出，其研发人员的薪酬在上市前一年便高达 14 579 400 元，占当时总研发费用的 63.67%，占总营业收入的 70.86%。科大讯飞致力于用较高薪酬和良性激励机制来调动员工的积极性。

在这种重视人才的政策环境下，科大讯飞的研发人员数量逐年攀升。以 2015—2019 年为例，科大讯飞的研发人员数量从 2015 年的 1 998 人飙升到 2019 年的 6 404 人，研发人员数量占总人数的比重持续保持在 60%以上。

在 2019 年的员工构成中，99%的员工具有本科及以上学历，36%的员工具有研究生及以上学历。

由此我们可以看出，在科大讯飞的人才政策下，公司对人才投入多、人才数量增长快、人才质量较高。这些都是保证科大讯飞从语音识别转向 AI 全产业链赛道胜利的基础优势。

接下来，教师通过财务报告相关内容，向学生展示科大讯飞对于研发的重视。

科大讯飞从成立初期就坚持“顶天立地”的发展战略，一方面，在核心技术层面始终保持国际领先；另一方面，积极推动人工智能相关技术的规模应用，实现人工智能技术与多行业、多领域的深度结合。在坚定的战略方向下，科大讯飞让应用红利兑现、让产业生态生生不息。这种以核心技术为主导的理念从一开始便被注入科大讯飞的精神之中，在其年报中所提及的关键字、研发投入情况以及专利申请情况都有所体现。

自上市以来，科大讯飞在其年报中频频提及“研发”“专利”“无形资产”等关键词，从一开始的 30 次到 2018 年的近 180 次，研发对科大讯飞的重要性一目了然。

科大讯飞对研发的重视也反映在对创新的投入上。2015 年，科大讯飞的研发费用是 3.3 亿元，占总营业收入的比例为 23.08%；2019 年，科大讯飞的研发费用为 16 亿元，占总营业收入的比例为 21.27%，企业对研发的投入处于不断增长的状态。此外，科大讯飞的研发有大部分都可以被资本化，如 2015 年便在开发阶段资本化了近 2 400 万元支出，确认了 1 600 万元的无形资产。2019 年，科大讯飞确认了 10 亿元资本化支出，确认了 9.2 亿元无形资产。这说明总体上，科大讯飞的研发有一定的回报。

综上，我们可以得出结论：科大讯飞长期对人才的重视和对研发的投入，使其研发转化成果相当丰富。

此外，企业的创新还体现在其专利的申请和获得方面。科大讯飞的专利申请量从 2008 年的 13 项到 2018 年的 1 039 项，专利授予量从 2008 年的 3 项到 2019 年的 526 项，科大讯飞在研发上的投入逐步显现在其专利的取得上。

（3）探讨科大讯飞在立足长远创新中面临的机遇与挑战。

本部分，教师结合科大讯飞取得的成就和相关财务理论，引导学生探讨为什么科大讯飞可以克服研发创新前期投入高、投资回报时间长、投资不确定性高等困难，发展成顶天立地的民族企业；在这过程中，国家又起到了什么样的作用。我们将从领导者的个人特质、国家的政策支持、国际环境的机遇与挑战等几个方面进行阐述。

①刘庆峰的科大讯飞创办史。1999 年以前，中文语音市场几乎全部掌握在外国公司手中，且微软（Microsoft）、国际商业机器公司（IBM）、摩托罗拉（Motorola）等众多国际巨头都纷纷在中国设立语音研究基地，国内语音专业优秀毕业生也基本外流，竞争形势非常危急。正是在这种背景下，受团中央、中国科协、教育部组织的“挑战杯”大赛影响和大学生创业号召，当时还在中国科学技术大学攻读博士学位的刘庆峰创办了科大讯飞公司，立志要将中文语音技术在中国人自己手里全面产业化。也正是振兴民族语音产业的强烈信念和“初生牛犊不怕虎”的勇气凝聚起了科大讯飞最初的创业团队，使其敢于在激烈的竞争和强大的对手面前直面压力，寻求从核心技术到产业应用的全面突破。

2008 年 5 月，科大讯飞在深圳证券交易所成功上市，成为中国第一家语音产业上市公司，同时也是在校大学生自主创业的第一家上市公司。科大讯飞现已成为我国语音产业唯一的“国家 863 计划成果产业化基地”和“国家规划布局内重点软件企业”，被业界公认为“中文语音产业国家队”。

科大讯飞秉持“顶天立地、自主创新”的产业发展战略，一方面，在核心技术层面始终保持国际领先；另一方面，积极推动人工智能相关技术的规模应用，实现人工智能技术与多行业、多领域的深度结合。作为中国人工智能产业代表企业之一，科大讯飞承载了智能语音、人工智能开放平台的重任，同时承建了中国唯一的认知智能国家重点实验室。

②国家政策的大力支持。高新技术企业具有前期投入多、回报周期长、回报不确定等特点，这常常导致企业高管可能会在外在的压力下采取削减研发费用的短视行为。科大讯飞在研发和创新的道路上一路前行，国家政策的大力支持也与之相伴。

科大讯飞上市之初，其从政府所取得的补助就有 1 900 万元之多。2019 年，政府对其补助更一举增加到了 7.2 亿元，补助项目涉及了中国声谷建设专项资金、“城市超脑”和“智能审图”研发及产业化专项、全国首个人工智能示范先行区建设项目、脑机接口关键技术和软硬件产品研发及产业化项目、中国制造 2025 产业专项资金等约 28 个项目。政府补助占科大讯飞收到的其他与经营活动有关的现金的 83%，单一年收到的政府补助现金就占公司总现金的近17%。这为科大讯飞除股权和债权融资外，提供了更为灵活的现金取得渠道。正是在国家政策的支持下，科大讯飞可以定向对其研究项目进行深耕。

③中美贸易摩擦下的新挑战。随着中美贸易摩擦的加剧，越来越多国内领先的科技企业被美国视为“眼中钉、肉中刺”。当前的国际形势比以往任何时候都更加复杂，不光是外贸型企业，几乎每一个企业及行业，都不得不面对中美贸易摩擦带来的压力。即使是通过自主研发、拥有独立知识产权的科大讯飞，也不免面临此种压力。2019年10月8日，美国商务部产业安全局（BIS）宣布把28家中国实体纳入了“实体清单”，其中包括科大讯飞、旷视科技、海康威视、商汤科技等8家科技企业。在实体清单中的实体，只有在取得许可证的情况下才可以购买美国的技术与产品。

被列入实体清单后，很多与科大讯飞合作的开发平台没有办法采购美国芯片了，科大讯飞在美国的很多实验室也被迫关闭。那么，科大讯飞的前路该何去何从？它还能继续保持在语音识别和人工智能领域的领先地位吗？

科大讯飞为这个问题提交了一份答案。在国际比赛中，科大讯飞仍然保持着领先地位，在2020年5月4日的英文语音识别大赛中，科大讯飞再次蝉联全球第一；在核心技术上，由于具有独立知识产权，科大讯飞并不受制于人；在供应链市场上，科大讯飞依托祖国的强大，迅速切换到以国产供应链为主的非美供应链体系，继续为客户提供优质的产品和服务，业务运营未受到重大影响。虽然在2019年，为了调整应对美国实体清单政策，科大讯飞支出了7 000万元，但是按照公司董事长的说法，“这就是我们在今天这个背景下，为什么还这么有信心，这种信心来自真正不断脚踏实地的超越”。科大讯飞并没有在外在激烈的竞争压力下停止前进的步伐，而是砥砺前行。科大讯飞成了实体清单中首个没有因此影响而停牌的上市公司。

通过以上讲解，学生会逐渐了解到，为什么科大讯飞可以成为民族企业，乃至世界企业中的佼佼者。究其直接原因，是科大讯飞对研发创新十年如一日的投入，而根本原因，则是企业科研人员顶天立地、活在当下的坚持投入，更是国家对企业的长期支持。

4. 提出问题，科大讯飞是如何克服短视、致力于长期发展的？对于个人，我们如何才能胸怀远大的理想和信念？

在经过了以上的理论和案例知识储备以后，学生基本上已经开始意识到研发过程的不确定性和探索性特征，对研发费用和无形资产的差异有了一定的了解，并可以结合企业短视理论来分析企业和个人在长远规划中所面临的挑战和应对措施。

在此，教师进一步向学生提出对于建立企业和个人无形资产所需要思考的问题：科大讯飞在其发展过程中，可能遭遇过什么样的困难，又是如何克服的？哪些是促使科大讯飞长期发展的重要因素？对于我们个人来说，我们如何才能坚持远大的理想和信念？

关于以上问题的参考答案如下：

学界对于企业短视行为的具体定义不尽相同。格雷厄姆等（Graham 等，2005）指出，上市企业短视行为是指企业管理层出于利益冲突和个人职业发展诉求而牺牲企业长期发展机会、追逐短期效益的行为。钟宇翔等（2017）认为，管理层短视是指管理层出于对股票市场表现的考虑，倾向于选择期限较短、风险较低的投资项目，造成对研发、创新等长期无形资产项目投资不足的现象。综合来看，管理层出于完成公司短期经营目标、达到市场预期、实现个人利益，可能回避风险投资及研发、创新等长期无形资产投资活动，忽略企业的长期发展而只关注企业的短期经营指标，导致企业短视行为的发生。由于市场中来自投资者的压力，相较于非上市公司，上市公司更可能有短视行为的动机。

在科大讯飞的发展过程中，也有种种威胁到其长远发展的事件发生。首当其冲的便是社交媒体时代的舆情环境风险。根据科大讯飞 2019 年年报，我们可以发现，随着科大讯飞社会影响力和关注度的不断提高，有些网络社交媒体和自媒体为了追求点击率，炮制各种“夸张捧杀”和“恶意抹黑”等吸引眼球的传播内容，从而获得超额流量价值。第二，科大讯飞面临国内外宏观环境的压力。从国际关系来讲，国际经济形势错综复杂，中美贸易争端持续，科大讯飞被纳入美国实体清单。从国内环境来讲，国内经济存在不确定性，特别是随着新冠肺炎疫情在全球扩散，对国内经济及全球经济产生一定冲击，实体经济受到重创，股票市场也剧烈波动。第三，科大讯飞面临严峻的竞争压力，在人工智能领域，科大讯飞和相关公司，如百度、微妙通讯（Nuance）、思必驰、云知声、捷通华声等公司存在着竞争，技术优势难以持续保持。

就在如此严峻的竞争环境中，科大讯飞如何保持着十年如一日的研发投入呢？原因可以归结为以下几点：第一，作为企业的创始人，刘庆峰毕业于中国科学技术大学，在专业层面十分熟悉产品的创新研发与行业的发展走向。刘庆峰从一开始便坚持做好中国的语音技术，为科大讯飞的发展定下了基调。第二，科大讯飞在发展过程中，一直通过多种渠道进行融资，包括政府补助等大力支持，帮助企业走得更好更远。第三，科大讯飞一直致力于研发，通过构建强大的技术壁垒超越同行，通过扩充研发人员数量、以期权激励提高研发人员的积极性、加大研发资金投入等方式，促使科大讯飞迅速发展。第四，在面临波谲云诡的国际局势时，科大讯飞可以依托祖国强大的实力，迅速切换到以国产供应链为主的非美供应链体系，业务运营未受到重大影响。

科大讯飞面临种种外部不利的竞争环境，以“顶天立地、自主创新”的气势，迅速发展，不仅体现着公司创始人刘庆峰对于创立中国自主语音识别企业的决心和情怀，也体现着广大科技人员兢兢业业的工作精神，还体现着国家在企业最需要帮助的时候，以政府补助形式提供支持。因此，企业的发展离不开自我约束的敬业精神，更离不开强大祖国的支撑。无论是企业还是个人，都应该发扬敬业和爱国精神。

在进行了相关讨论后，学生逐渐可以归纳总结出企业和个人的发展是内因和外因的共同作用，离不开员工对本职工作的长期投入，更离不开强大祖国的支持。

案例最后，教师自然过渡到社会主义核心价值观中的爱国和敬业两个要素，对案例进行总结。

爱国与敬业是社会主义核心价值观的组成部分。当代社会，各种思潮风起云涌，在经济迅速发展的同时，个人容易迷失自己的方向，企业容易在激烈竞争中忘记初心，为了眼下短期的利益而放弃长远的发展。加强爱国和敬业的宣传教育，有利于冲破思想迷雾、凝聚社会共识、夯实全面深化改革的思想基础。

热爱祖国，可以从生活中的点点滴滴做起，作为个人，我们首先要热爱自己的工作。敬业就是爱国，敬业精神可以体现爱国之情。只有踏实做好当下的每一件小事，才能够在日复一日的工作中，做出一点成就。爱国之情也引领着敬业。只有树立理想信念，才能在困境到来时不被打倒，在面临短期利益时坚守初心。

通过对科大讯飞案例的学习，教师不仅要让学生掌握好会计学原理中的研发费用化和资本化的相关内容，清醒认识企业致力于长期研发的利弊；而且要让学生通过了解科大讯飞在坚持提升核心竞争力时所遇到的困难及其应对，理解拥有爱国情怀对个人及企业的重要性，树立正确的世界观、人生观和价值观。

三、案例分析

1. 案例蕴含的思政元素

本案例的思政元素主要是社会主义核心价值观中的爱国和敬业。

爱国和敬业是社会主义核心价值观的重要组成部分。爱国情怀始终与爱岗敬业密不可分。要成就一番事业，首先需要有大的胸怀，这种胸怀便体现在爱国情怀上。孟子曰："孔子登东山而小鲁，登泰山而小天下。"只有将思想境界从个人层面剥离出来，拥有更高的站位，才能够在事业中有勇气突破重重困难，不以个人的利益为唯一的目标，而能够把眼光放长远，从战略的角度在自己专注的领域中进行长期深耕。反过来，敬业也是爱国。敬业紧密关系着集体，而集体紧密连接着国家。我们只有通过明确自己的信念和目标，让自己头脑清醒，明辨是非曲直，提高个人素质，真诚待人，才能够帮助集体一起发展。把自己所在的集体经营好，那么集体所构成的国家才会更好。

在百年未有之大变局的今天，我们如何能够保持初心？一方面，我们应脚踏实地，勤勤恳恳做好眼前事；另一方面，我们应眼望星空，树立民族复兴伟大理想，做一个有远大理想的青年人。一家优秀的企业，一方面会立足专业领域，努力深耕，持续研发创新；另一方面会怀着报效祖国的愿景而砥砺前行。

2. 启发思考题及分析

学习本案例以后，我们会提出以下思考题：

（1）企业短视行为是什么？为什么企业会有短视行为？结合科大讯飞的案例说明该公司和个人是如何克服短视行为，致力于长期发展的？

（2）在科大讯飞的发展过程中，政府补助起到了怎样的作用？

四、参考文献

[1] GRAHAM J R, HARVEY C R, RAJGOPAL S. The economic implications of corporate financial reporting [J]. Journal of Accounting & Economics, 2005, 40 (1-3): 3-73.

[2] 钟宇翔，吕怀立，李婉丽. 管理层短视、会计稳健性与企业创新抑制 [J]. 南开管理评论，2017 (6): 163-177.

第五章
负债

民无信不立，业无信不兴

——基于企业恶意骗贷的反思

杨奕楠

一、案例概况

1. 案例针对对象

本案例针对对象为全校本科一年级学习大学科基础课程会计学的学生。

本案例适用章节为《会计学》（第九版，赵德武主编）第五章负债。

2. 案例教学目标

通过学习该案例应达到以下目标：

知识目标：强化学生对于负债的定义、形成以及后果的理解。

能力目标：帮助学生通过阅读案例，掌握负债这一会计要素的核心特征和相关知识点、知识框架。教师通过案例分析，帮助学生系统理解相关知识，引导学生对知识点的活学活用、举一反三。

价值目标：第一，素质培养。会计人员的职业道德素养应该从会计学入门开始培养。教师应引导学生树立社会主义核心价值观中的诚信观，将这一中华民族自古以来的美好品德传承和发扬光大，养成诚信做人、诚信立业的意识。第二，实践能力。根据案例材料，学生应对国内目前各行业企业融资现状、制度背景有所了解，并就其中的问题和弊端作出自己的判断，在牢固掌握知识点的基础上提出相关的改进措施和建议。

二、案例正文

负债的定义如下：负债是指企业过去的交易、事项形成的现时义务，履行该义务预期会导致经济利益流出企业。

负债是企业债权人对企业资产的要求权，是企业对债权人所承担的经济责任。

根据负债的定义，负债具有以下几个方面的特征：

历史属性：负债是由于过去的交易或事项而形成的现时义务。

现时属性：负债是能够用货币确切计量或合理估计的经济责任。

未来属性：负债的清偿预期会导致经济利益流出企业。

以下结合两个现实生活中企业恶意骗贷的案例帮助学生理解负债的重要性以及对企业和社会所产生的影响。

1. 李某清骗贷案：携家潜逃，两年骗贷超 10 亿元

李某清跑了。作为某钢材贸易公司的老板，李某清因企业资金链断裂而携家潜逃至澳大利亚，债权人随即对李某清提起诉讼。

李某清跑路后，其控制的公司债务高达 10 亿元，期中超过 5 亿元来自银行，而其公司总资产仅有 1.5 亿元，已经严重资不抵债。在没有确切债务统计结果的情况下，该公司已申请进入破产程序。李某清个人及其公司的债权人高达两三百人，所涉案件达几十起，将面临多项诉讼。

成立于 2009 年年底的公司缘何在短短两年时间就欠下 10 亿多元的债务？这从钢材贸易行业的融资运作情形可略窥一二。

钢材贸易行业的贷款一般分为两类：一类是质押贷款，以钢铁为质押物，银行通常按照货物价值的 70%给予企业一定的贷款额；另一类是联名担保，即几家信誉较好的企业结成联盟，相互担保，以获取更多的贷款。李某清就是通过第二种贷款方式的漏洞而获得巨额融资的。其具体做法如下：第一步，先成立一个钢材交易市场，让商户（多数是李的老乡）搬进去。商户先向钢厂购进钢材，钢材库存在李某清自己的或其他仓库里；第二步，李某清唆使这些商户用钢材向银行质押，获取质押贷款。在操作过程中，李

某清还利用仓库监管漏洞来放大质押贷款的额度，实现贷款的杠杆化，用同一批钢材向多家银行申请贷款。在银行之间质押信息不互通的情况下，这就形成了一票多押，把贷款额度放大了好几倍。在获得贷款后，李某清以事先成立好的担保公司从事基金受托服务，将银行贷款集中起来，从事高风险、高回报的投资，如放高利贷、投资房地产等。李某清公司资金链的断裂，正是由于这些钱都投入了高风险行业。

在银根紧缩的背景下，一家大型企业骗贷事发，影响的是整个钢材贸易业的融资潜规则，使得行业内的其他企业融资乃至生存倍加艰难。

2. H 公司骗贷案：令人咂舌的“财技”

2009 年，H 公司及其他几家关联企业突然倒闭，步入了重整的阶段。曾经叱咤钢铁市场的多家关联企业一夜间轰然倒塌，这其中 H 公司董事长佘某泰以不足 30 亿元的资本金撬动了数百亿元资产的圈钱“财技”令人咂舌。

据报道，H 公司及其他几家关联企业倒闭的真实原因，在于过去几年中，佘某泰不断利用融资性交易等方式圈钱，虚增资产等方式骗贷，并大规模扩张企业产能。企业遭遇金融危机后，紧张的资金链无法承担钢铁价格暴跌的冲击，最终只能走向倒闭。H 公司的融资手段大致可以分为三类：虚设新建工程，增加固定资产，骗取银行高额抵押贷款；虚造交易合同，再拿承兑汇票到银行贴现；利用仓单质押贷款中的漏洞骗取银行贷款。

事后反思，佘某泰的骗贷、圈钱手法并不高明，无非是利用行业潜规则或串通相关人员虚造账册、合同。只要银行认真履行信贷制度、流程，骗术很容易被识破。令人诧异的是，在上当受骗的金融机构名单中，包括知名金融机构在内的多家金融机构都在无抵押状态下，向 H 公司及其他几家关联企业发放了数千万元乃至上亿元贷款。银行方面甘愿冒险，发放无抵押贷款，与地方政府施加的压力不无关系。事发后，受害的债权银行急于让 H 公司及其他几家关联企业破产重整，以最大程度减小自身损失。但数据表明，H 公司及其他几家关联企业预计可回收资产当中，仅剩 3 亿元能用来清偿普通债权，远远无法弥补这些债权人的损失。

金融系统频频曝出骗贷事件，反映出金融机构在风险预防和管理上的薄弱环节。中介的违规操作，商业银行的内部金融腐败，加之监管的缺失，使简单的骗贷案频发，造成资金大笔流失，给投资者和债权人造成严重损失。为避免骗贷行为再次发生，当前迫切需要加快金融机构改革，完善监管机制，对骗贷行为进行有效约束和惩处，从而提高借贷关系的质量和稳定性。

三、案例分析

1. 案例蕴含的思政元素

民无信不立，业无信不兴。在个别领域，理想信念滑坡，诚实守信被视为“老古板”，见利忘义反倒成了“大聪明”，在企业当中树立社会主义核心价值观尤为迫切。

自古以来，诚信就是人类传承的美好品德。在中华民族几千年的文明史中，诚信之光始终普照着人类从蒙昧走向文明。

长期以来，企业融资特别是中小企业融资问题都是制约国内经济快速发展的一道难题。融资信用是企业诚信建设的重要组成部分，是社会主义核心价值观的重要践行和体现。在市场经济环境下，无论是企业，还是银行等金融机构，都应以诚信为本，实事求是，重塑“信用金融”，解决企业与金融机构间的信息不对称问题，增加高质量征信的有效供给，促进经济资源的合理分配，推进社会主义市场经济的健康发展。

2. 启发思考题及分析

学习本案例以后，我们会提出以下思考题：

（1）如果你是企业会计人员，你会如何从自身的角度出发预防企业骗贷？

（2）从金融机构和立法者的角度思考如何有效识别企业融资风险，预防企业骗贷？

四、参考文献

[1] 俞凌琳. 涉资10亿：无锡李国清案骗贷手法调查 [J]. 今商圈，2012（3）：27-28.

[2] 何清. 科弘骗贷大案 [J]. 中国民营科技与经济，2009（2）：84 -87.

[3] 郑玮娜，张传宣，卜云彤. 海南巨额骗贷案再次敲响金融信贷警钟 [EB/OL].（2008-01-17）[2021-08-08]. http://news.sohu.com/20080117/n254713891.shtml.

[4] 言炎. 著诚去伪，礼之经也 [J]. 民主与科学，1995（4）：40-41.

第六章
所有者权益

实事求是，制度创新

——关于延安时期革命根据地财会制度的回顾与思考

邓博夫

一、案例概况

1. 案例针对对象

本案例针对对象为全校本科一年级学习大学科基础课程会计学的学生。

本案例适用章节为《会计学》（第九版，赵德武主编）第六章所有者权益。

2. 案例教学目标

通过学习该案例应达到以下目标：

知识目标：帮助学生理解会计作为经济核算的基础工具，也是一项基本的经济制度，而会计制度的设计必须与其所处的国家其他的经济制度、法律制度以及经济环境相匹配。同时，不同的制度设计和经济环境也会影响到微观企业的会计行为选择。

正如马克思的解释："经济基础决定上层建筑。"经济基础是指由社会一定发展阶段的生产力所决定的生产关系的总和，是构成一定社会的基础；上层建筑是建立在经济基础之上的意识形态以及与其相适应的制度、组织和设施，在阶级社会主要指政治法律制度和设施。会计作为社会制度的一个重要组成部分，它的演进与发展也是由社会生产力水平所决定的。

从制度经济学出发，良好的会计制度设计可以帮助我们优化社会资源配置，通过提供低成本的信息降低社会契约的缔约成本，从而降低整个社会运行的交易成本。

总之，学习本案例有助于加强学生对会计是一种制度设计的理解，同时形成“经济越发展，会计越重要”的意识。

能力目标：帮助学生理解经济发展与会计起源和发展的内在逻辑，特别是理解中国当前会计制度设计是基于中国特色社会主义制度，是与中国当前的政治、经济以及文化相适应的。

价值目标：习近平总书记强调，教育的根本任务是立德树人。我们不能割裂专业知识的授予和思想品德教育之间的有机联系。本案例的价值目标就在于以中国共产党在延安时期创造性地融合和改良中国传统的会计技术与西方的会计技术，形成了与革命根据地经济形势和财政制度相匹配的会计制度为案例，既帮助学生理解会计是一种制度设计的概念，又帮助学生理解中国共产党“实事求是”的思想路线是如何创新制度设计的。基于以上的讲解，我们希望最终帮助学生树立道路自信、理论自信、制度自信、文化自信。

二、案例正文

1. 关于会计是一种经济制度的经济解释

如何理解会计是一种经济制度？

伟大的革命导师马克思曾经提出：“经济基础决定上层建筑。”经济基础是指由社会一定发展阶段的生产力所决定的生产关系的总和，是构成一定社会的基础；上层建筑是建立在经济基础之上的意识形态以及与其相适应的制度、组织和设施，在阶级社会主要指政治法律制度和设施。

1843 年，马克思在《黑格尔法哲学批判》中提出“不是国家决定市民社会，而是市民社会决定国家”的命题，这是经济基础和上层建筑理论的萌芽。这里的“市民社会”主要指现实的经济生活。随着马克思对资本主义社会的研究和对资产阶级古典经济学的分析批判，在 1844 年他和恩格斯合著的《神圣家族》中，市民社会的概念进一步具体化了，已接近于“生产关系”的概念。

在 1845—1846 年马克思和恩格斯合著的标志历史唯物主义创立的《德意志意识形态》中，形成了经济基础和上层建筑的概念。市民社会始终标志着直接从生产和交往中发展起来的社会组织，这种社会组织在一切时代都构成国家的基础以及任何其他的、观念的上层建筑的基础。在这之后，马克思依据经济基础与上层建筑的理论，分析了 1848 年资产阶级革命和资本主义社会获得的重大成果，并使这一理论得到了充实和具体化。

马克思在 1859 年写的《政治经济学批判》序言中，对经济基础和上层建筑的理论作了精辟的表述："人们在自己生活的社会生产中发生一定的、必然的、不以他们的意志为转移的关系，即同他们的物质生产力的一定发展阶段相适合的生产关系。这些生产关系的总和构成社会的经济结构，即有法律的和政治的上层建筑竖立其上并有一定的社会意识形式与之相适应的现实基础。"

根据马克思的理论，会计准则本质上也是一种社会生产关系，换而言之也是一种具体的经济制度。相应的会计方法的演变、会计技术的发展都无法脱离其所处的经济环境。同时，会计制度的设计也必须与其所处的经济环境相适应，同时也必须与其他经济制度相互匹配。

反之，会计制度的设计与实施也不可能超然于经济环境，即社会生产力的发展水平。

同样的理论思想既存在于制度经济学中，又同样可以在当前的金融与会计研究中寻找到。例如，制度经济学的奠基人科斯（Coase，1990）就曾提出，没有会计元素的企业理论是不完整的。会计是社会契约的一种基本方式。科斯强调，会计的本质是在经济中发挥计量的作用。作为对企业财务状况和经营成果的反映，会计在经济合约的签订、执行和监督过程中都可以发挥作用。

詹森和麦克林（Jensen & Meckling，1976）首次运用新制度经济学的核心思想论证了公司组织结构对财务会计信息的影响，即会计制度的契约观。瓦茨和齐默尔曼（Watts & Zimmerman，1986）认为，会计从信息观和计量观向契约观的转移是会计研究领域的一场革命。之后，大量的实证文献开始讨论制度背景、制度安排以及社会文化对会计行为的影响。

从会计契约观来看，会计本质上就是为社会契约的签订提供一种具有公信力的低成本的信息，通过降低契约双方的信息不对称程度，从而降低社会经济活动中的交易成本。因此，如何使得会计信息具有公信力，是政府制度设计中重要的一环。相应地，政府也就必须出台如会计法和会计准则规范会计技术和方法。

同时，从当前的金融与会计的研究框架来看，分析微观企业行为也离不开经济环境和制度背景，特别是在讨论企业的财务行为、会计政策选择时，当前的理论框架也是从经济环境和制度入手。从监管角度来讲，规范企业行为，就必须要规范会计制度。李增泉和孙铮（2009）在《制度、治理与会计——基于中国制度背景的实证研究》一文中提出，经济制度（如市场环境、法律环境等）、制度安排以及社会文化均影响会计的制度安排和微观企业会计行为选择。周华（2016）在《法律制度与会计规则——关于会计理论的反思》一文中系统论述了法律制度环境与会计规则（制度）形成之间的关系，系统论述了会计规则是如何与制度环境、法律制度相互匹配的，并反思了国际会计准则存在的缺陷在于脱离了各个国家的法律制度特征。

2. 延安时期革命根据地的经济和制度背景

根据陈俊岐先生（中共中央办公厅原主任 ）在其《延安时期财会工作的回顾》（1983）一文中的回忆：延安时期，中共中央直属机关一般采用复式记账法。账簿设“收方”和“付方”，一段时期也用过“借方”和“贷方”。实物账设“收入”和“支出”项。其记账的规制是“有收必有付，收付必相等”；平衡公式是“财政来源=财政支出”。

延安时期的财务记账方法具有西方的借贷记账法的特征，即同一经济事项，采取双重记录，至少影响两个账户。然而，当时的财务记账方法的记账符号却与我们熟知的西方复式簿记的“借贷记账法”有明显的差别，即“借”和“贷”两个符号被替换成了“收”和“付”。

为什么延安时期中共中央直属机关会使用这种特殊的复式记账法呢？

我们首先需要回顾的是延安时期革命根据地的经济状况以及相应的经济和财税制度，之后再审视财会制度是与以上经济状况和经济制度如何匹配的。

延安时期指的是中共中央在陕北的13年时间，具体指1935年10月19日中共中央随中央红军长征到达陕北吴起镇（今吴起县），落户“陕北”，到1948年3月23日毛泽东、周恩来、任弼时在陕北吴堡县东渡黄河，迎接革命胜利的曙光这近 13 年时间。

延安时期是中国革命史上最为困难的时期之一，也是中国革命由弱到强、不断取得胜利的关键时期。这一时期形成了对中国革命和建设有着巨大而深远影响的延安精神。

在厘定延安革命根据地经济环境和财税制度之前，我们需要清楚的一个基本事实是，区别于企业财务管理的价值最大化目标，延安革命根据地的经济管理目标是实现中国新民主主义革命的胜利，具体说来是要建立经济和物质基础以取得抗日战争的胜利，并解放全中国。

根据刘新荣和刘轩（2013）在《延安抗战时期中共中央财政状况分析与经济政策分析》中的研究，延安时期中国经济形势复杂：抗日战争时期由于国统区、沦陷区和抗日革命根据地的并存，决定了当时中国社会经济形态的复杂性和多样性，归纳起来主要有官僚资本主义经济、民族资本主义经济和新民主主义经济三种形态。国统区的商品经济比较发达，官僚资本主义和民族资本主义虽然时有冲突，但民族资本在一定程度上可以弥补官僚资本的不足，因此被允许存在，这也为民族资本的发展提供了契机。

革命根据地受到经济封锁。抗日战争时期，陕甘宁边区处于日本侵略者和国民党顽固派的军事包围与经济封锁之中，使得新民主主义经济在一个相对封闭的区域独立发展。

整体看来，延安时期又可以按照经济基本情况分为以下两个阶段：

第一阶段为进驻延安至 1940 年财政收入主要靠外援的阶段。当时，革命根据地外援占到财政收入的 50%~85%，其余的财政收入来源于少量的行政性收费和税收。在这段时间里，财政收入总体上比较困难。

第二阶段为 1941 年前后的财政经济困难时期。这一时期的延安革命根据地非生产人口增加，区域工商业落后。

为了应对经济封锁、生产力水平较低的情况，中国共产党开展了以下经济活动，设计了相应的经济制度：

其一，开展大生产运动。为了克服财政经济上的严重困难，坚持革命斗争，毛泽东同志提出了“发展经济，保障供应”的财经工作总方针，号召党中央机关和边区的军民“自己动手，丰衣足食”，开展了轰轰烈烈的大生产运动。在大生产运动中涌现了多支代表军民合作的楷模部队。其中以当时八路军第 120 师第 359 旅的成绩尤为突出，正是他们带领当地群众把南泥湾这块荒地开发成“陕北的好江南”，为大生产运动树立了一面鲜艳的光辉旗帜，甚至成为“延安精神”的代表。

其二，发行边币，统一货币市场。为了克服 1941 年国民党对延安边区实施的经济封锁，为保障财政经济的稳定发展，在中共中央的统一领导下，1941 年后各抗日革命根据地银行发行了边币。

发行边币的意义在于：①促使延安边区政府财政经济独立自主。边币的发行是中国共产党与国民党在政治、军事、经济和财政金融政策上全面斗争的产物。它标志着边区政府在经济上进入独立自主的历史新阶段。②促进延安边区农业和工商业的发展。边币的发行给延安边区经济发展注入了活力，边币也成了边区的财政后盾，极大地支持了延安边区的财政支出和延安边区军民的生产生活等经济活动。③有力地支持了抗日战争。

其三，推行税收和税制改革，农业税主要以实物税为主。

①农业税制。由于工业基础和商业基础的薄弱，各抗日革命根据地的经济形态都是以自然经济为主，所以税收征收的主要对象就是农业税，其形式是以直接征收粮食为主，称作“救国公粮”。税制改革以前的农业税是以摊派形式来完成的。改制之后统一实行农业累进税制，以延安边区民众人口收获粮食的多少按一定标准由低到高分级累进，并制定了免征点和累进税制的最高率，使不同的劳动民众阶层有不同的税率负担，这样的征税也更加合理。

为了补充农业税对财政贡献不足的情况，我党在当时还开始适当地对工业和商业进行征税。

②工业税制。随着边区工业的发展，各大工业产业的建立和工厂的开办，使其成为边区财政收入的主要来源之一。工业税的开征不仅拓宽了税收征收来源，还在很大程度上减轻了农业税征收的负担。

③商业税制。农业和工业的崛起进一步推进了延安边区商品经济的发展，革命根据地主要开征了盐税、牲畜买卖税、粮食买卖税、边区特产贸易税等商业税种。

3. 延安时期的财会制度

当我们明确了延安时期的经济环境与财税经济制度以后，我们再把视线聚焦到当时的财会制度上来。正如毛泽东同志所说：“节省每一个铜板为着战争和革命事业，为着我们的经济建设，是我们的会计制度的原则。”①

陈俊岐（1987）指出，1944 年前后，为更进一步推进财会制度的建设，中共中央直属机关会计研究组发布实施《中直机关模范会计条例》，陆续完善资金出纳、财务会计、物资保管、收发统计等财务制度，会计核算体系逐渐完善。1948 年，军委供给部（原中央管理局）发布《会计工作制度》，对财务收支和会计核算方法作出了相对统一的规定。

延安时期的财务制度至少包含以下特征：一是对财务集中管理，厉行节约，统收统支。由于长期的战争，革命根据地的经济发展产生了很大的困难。在有限的经济来源下，革命根据地不但要“开源”，更要“节流”。革命根据地坚持节约原则，统一规定供给标准，实行严格的“统收统支”。由此可见，当时制定的“统收统支”等会计制度是政治、军事、经济高度集中和高度统一的产物。

二是对财务人员强调干好本职工作。革命根据地财务人员的整体水平偏低，虽然当时十分重视对会计人员的培养，但短期内会计人员的专业素养提高仍然较为困难。王建栋（2018）在《延安时期革命根据地财会制度》一文中指出，延安时期的会计制度虽然在现在看来不是很完善，也不是很科学，但这是与当时的客观环境相匹配的。有的地方采用中式会计簿记，有的地方采用改良中式会计簿记，有的地方采用西式会计簿记。以今天的视角来看，当时所谓的“会计制度”过于简单。这也就解释了为什么延安时期中共中央直属机关记账的方法如此特殊。利用借贷记账法记账需要当时的官员也相应地了解借贷记账法的技术，这在延安时期是很难实现的。为了方便财务人员和行政官员快速地熟悉经济管理工作，因此当时的财会制度设计者因地制宜地对西方复式簿记法进行了改造，用“收”和“付”两个符号去替代“借”和“贷”，剔除了大量复杂的会计思维和逻辑。这与会计账务处理的基本目标并不矛盾，会计就是要为管理提供有用的信息，因此不能拘泥于商业会计的基本技术和方法。

三是会计核算对象偏重于实物。受战争年代实际情况的影响，会计核算对象是以实物与经费并重的，而且由于经费短缺，造成会计核算对象在大部分时间内是以实物为主的，这在现在看来是难以想象的。制定会计制度的目的在于为保障战争供给服务，尚无暇顾及经济建设的需要。这一特征是和中

---

① 毛泽东选集（四卷合订本）［M］. 北京：人民出版社，1968.

国共产党在当时的经济管理工作的具体目标相符合的。即我们已经清楚的一个基本事实是，区别于企业财务管理的价值最大化目标，革命根据地的经济管理目标是实现中国新民主主义革命的胜利，具体说来是要建立经济和物质基础取得抗日战争的胜利，并解放全中国。

总之，在延安时期，中国共产党制定会计制度的成功的经验就在于并不拘泥于教条主义，而是因地制宜地进行改造。

在延安时期，中国共产党的会计制度设计是一个从无到有的摸索的过程，对于西方会计和中国传统会计既有继承，又有发展与创新。

在延安精神的指引下，经过艰苦卓绝的斗争和努力，革命根据地经济不断发展和壮大，为革命战争的胜利奠定了重要的基础。

例如，在山东解放区，仅鲁南、渤海、鲁中、胶东四区，1945 年共增产粮食 3.4 亿千克，实现了粮食基本自给。

又如，在晋冀鲁豫解放区，1946 年共产棉 1.3 亿千克，相当于 1945 年全国棉产量的 50%以上。

战时经济的飞速发展从军队作战人员数量的快速增长上也可见一斑。抗日战争结束时人民军队的主力已发展到 127 万人，比工农红军刚到达陕北时的不足 3 万人增长了 40 多倍；同期，民兵数量也发展到了 268 万余人。

1941 年，毛泽东同志在《改造我们的学习》一文中指出，“实事”就是客观存在着的一切事物；“是”就是客观事物的内部联系，即规律性；“求”就是我们去研究。毛泽东同志所说的实事求是，是马克思主义的实事求是，是中国共产党思想路线的核心所在。

2018 年 12 月 18 日，在庆祝改革开放 40 周年大会上，中共中央总书记、国家主席、中央军委主席习近平指出：40 年来，我们始终坚持解放思想、实事求是、与时俱进、求真务实，坚持马克思主义指导地位不动摇，坚持科学社会主义基本原则不动摇，勇敢推进理论创新、实践创新、制度创新、文化创新以及各方面创新，不断赋予中国特色社会主义以鲜明的实践特色、理论特色、民族特色、时代特色，形成了中国特色社会主义道路、理论、制度、文化，以不可辩驳的事实彰显了科学社会主义的鲜活生命力，社会主义的伟大旗帜始终在中国大地上高高飘扬！

三、案例分析

1. 案例蕴含的思政元素

本案例的思政元素就在于可以帮助学生从中国共产党财经工作的历史的角度理解实事求是的根本内涵。实事求是就是要从实际情况出发，不夸大、不缩小，正确地对待和处理问题。实事求是是马克思主义的根本观点，是中国共产党人认识世界、改造世界的根本要求，是中国共产党的基本思想方法、工作方法、领导方法。无论是在哪一个时期，实事求是的基本思想路线都是中国共产党创新制度设计取得革命胜利和为人民服务的思想法宝。教师要帮助学生理解实事求是的根本内涵，从专业课的角度来看，最好的方式就是从历史上我党的财经制度设计入手，这恰好也可以避免就财经制度设计谈制度设计的片面性。

讲述中国共产党在延安时期创造性地融合与改良中国传统的会计技术和西方会计技术，形成了与革命根据地经济形势和财政制度相匹配的会计制度的案例，既帮助学生们理解会计是一种制度设计的概念，又帮助学生们理解实事求是的思想路线是如何指导和实践创新制度设计的。基于以上的讲解，我们希望最终帮助学生坚定道路自信、理论自信、制度自信、文化自信。

2. 启发思考题及分析

讲述该案例以后，我们会提出以下思考题：

（1）按照实事求是的思想路线，请自行搜集资料并思考2006年为何我国会颁布新《企业会计准则》？

（2）请思考，为何至今我国与国际财务报告准则（IFRS）依然只保持动态趋同，而不是直接采用？

（3）请搜集资料并思考，不同的行业是否需要调整会计准则，或者是专门颁布有针对性的会计准则？

四、参考文献

［1］迈克尔·查特菲尔德. 会计思想史［M］. 文硕，董晓柏，王骥，等，译. 北京：中国商业出版社，1989.

［2］陈信元. 新中国会计思想史［M］. 上海：上海财经大学出版社，1999.

［3］陈俊岐. 延安时期中直机关财会工作的回顾［J］. 会计研究，1983（6）：5-9.

［4］陈俊岐. 延安时期财会工作的回顾［M］. 北京：中国财政经济出版社，1987.

［5］陈俊岐. 延安时期财会人员的培训［J］. 财会月刊，1990（1）：49-50.

［6］王健栋. 延安时期革命根据地的财会制度［J］. 山西大同大学学报（社会科学版），2018，32（5）：31-33，40.

［7］刘新荣，刘轩. 延安抗战时期中共中央财政状况与经济政策分析［J］. 财会月刊（理论版），2013（3）：116-118.

［8］黄同. 太行山上部队审计工作概况［J］. 会计研究，1982（5）：9-12.

［9］罗伯特·W. 麦基，伽利娜·G. 普雷布拉金斯卡亚. 转轨经济体的会计和财务体系改革：以俄罗斯为例［M］. 方红星，译. 大连：东北财经大学出版社，2010.

［10］娄尔行，石成岳，裴静之. 社会经济制度对会计的影响：中、美比较会计研究报告之一［J］. 会计研究，1982（5）：1-9.

［11］葛家澍，刘峰. 从会计准则的性质看会计准则的制订［J］. 会计研究，1996（2）：19-24.

［12］李增泉. 制度、治理与会计［M］. 北京：格致出版社，2009.

［13］WONG T J. Corporate governance research on listed firms in China：institutions，governance and accountability［J］. Foundations & Trends in Accounting，2016，9（4）：259-326.

［14］周华. 我国会计理论与会计规则的优化路径［J］. 财会月刊，2019（24）：68-74.

［15］周华，刘俊海，戴德明. 法律制度、金融预期与会计准则［J］. 中国人民大学学报，2009，23（6）：103-111.

第七章
收入与利润

财务造假：虚增利润

代婧

一、案例概况

1. 案例针对对象

本案例针对对象为全校本科一年级学习大学科基础课程会计学的学生。

本案例为描述性案例，适用于会计学课程中利润确认部分的教学。

2. 案例教学目标

通过学习该案例应达到以下目标：

知识目标：帮助学生理解财务造假、虚增利润的概念；掌握各项业务对财报的影响、财务报表分析、上市公司强制退市制度。

能力目标：第一，提升学生的系统思维能力，让学生通过自主阅读相关的材料，提炼财务造假的相关知识点。教师通过对材料的分析讲解，帮助学生了解相关知识，引导学生自主思考，培养学生举一反三、分析其他案例的能力。第二，提升学生的判断实践能力。帮助学生根据案例材料，了解上市公司财务造假的手段以及财务造假在财务报表中的体现，运用相关的理论知识，对上市公司是否存在财务造假做出初步判断，能够对上市公司的财务造假行为提出相关的政策建议。

价值目标：通过案例，引入社会主义核心价值观和中华优秀传统文化中的诚信的思政元素，让学生了解到上市公司财务造假所带来的不良后果以及目前我国资本市场信息披露所面临的挑战与困难，提高学生的诚信意识以及会计职业道德意识。

二、案例正文

1. 财务造假案："存贷双高"

KD 公司成立于 2001 年 8 月，于 2010 年在深圳中小板上市。作为一家材料高科技企业，KD 公司主要从事新材料（以光电材料和预涂材料为核心）、智能显示、碳纤维三大核心主营业务。

2019 年 1 月 15 日晚间，KD 公司发布公告称，KD 公司未能按照约定筹措足额偿付资金，2018 年 4 月 18 日至 19 日发行的短期融资券不能按期足额偿付本息，已构成实质违约。该笔短期融资券实际发行总额为 10 亿元，发行利率为 5. 5%，于 2019 年 1 月 15 日到期。然而此前，KD 公司 2018 年第三季度报表显示，其账面持有 150. 14 亿元货币资金。据记者报道，一位 KD 公司人士透露："公司账上不是没有钱，只是出现了临时性的兑付困难。"2019—2020 年 KD 公司发展时间线梳理如表 7-1 所示。

表 7-1　2019—2020 年 KD 公司发展时间线梳理

时间	重大事件
2019 年 1 月 15 日	无法足额偿付 10 亿元短期融资券本息
2019 年 4 月 30 日	发布 2018 年年报，被 R 会计师事务所出具"非标意见"
2019 年 5 月 6 日	被实行"退市风险警示"特别处理
2020 年 9 月 24 日	中国证监会下发行政处罚决定书

是否真的如同这位内部人士所说呢？我们查询了 KD 公司近年来在年报中列示的货币资金、有息负债、利息收支情况，同时查阅报表附注中的货币资金明细，观察 KD 公司是否存在货币资金受限的情况。企业货币资金受限（如货币资金为专项资金、保证金等），通俗来讲就是企业即使有钱，也无法使用。这能解释 KD 公司的违约吗？KD 公司的货币资金等数据如表 7-2 所示。

表 7-2　KD 公司的货币资金等数据　　　　单位：亿元

项目	期间									
	2010	2011	2012	2013	2014	2015	2016	2017	2018	2019
货币资金	6. 64	6. 84	34. 46	26. 75	41. 93	100. 87	153. 89	185. 04	153. 16	139. 52
其中：所有权受限的货币资金	—	—	—	—	—	5. 15	6. 99	34. 26	23. 47	5. 15
短期借款	0. 8	6. 584	13. 34	19. 11	17. 99	33. 56	48. 18	65. 65	59. 79	46. 21
长期借款	1	0	2	5. 696	5. 444	2. 111	2. 9	5. 07	4. 78	15. 36
应付债券	0	0	8. 914	8. 93	18. 92	14. 91	5. 971	39. 32	40. 44	19. 98
利息费用	—	—	—	—	—	—	—	5. 504	6. 987	8. 191
利息收入	—	—	—	—	—	—	—	0. 996 4	0. 630 2	0. 244 7

资料来源：KD 公司的年报及附注。

2018 年年末，KD 公司账面上的货币资金有 153. 16 亿元，其中所有权受限的货币资金 23. 47 亿元，短期借款 59. 79 亿元（见图 7-1）。结果显示，KD 公司确有部分资金受限，但在货币资金总额中占比偏低，预期不会对偿付债券造成影响。KD 公司人士的回复显得欲盖弥彰。

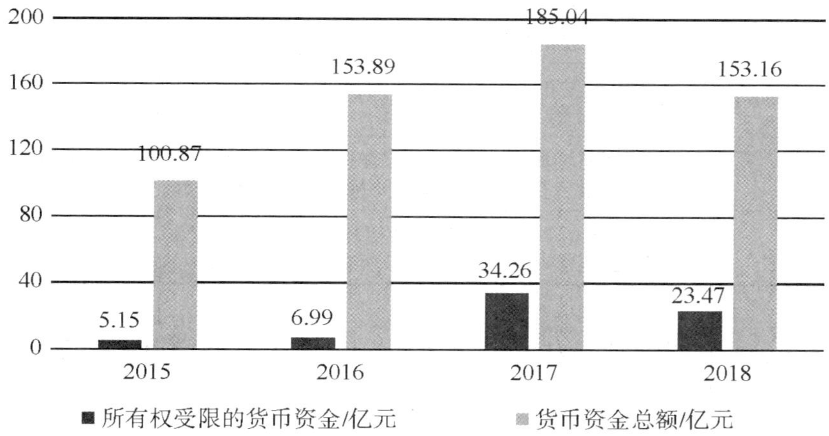

图 7-1　KD 公司 2015—2018 年货币资金及受限情况

补充资料：控股股东 KD 集团 2010—2018 年股权质押情况如表 7-3 所示。

表 7-3　控股股东 KD 集团 2010—2018 年股权质押情况　单位：亿股

项目	报告期								
	2010	2011	2012	2013	2014	2015	2016	2017	2018
KD 集团持有本公司股数	0. 54	1. 11	1. 78	2. 69	2. 24	1. 64	7. 85	8. 51	8. 51

表7-3(续)

项目	报告期								
	2010	2011	2012	2013	2014	2015	2016	2017	2018
KD 集团质押股份数	0.48	1.04	1.73	2.69	2.17	1.63	7.85	8.47	7.89
DK 公司总股本	1.63	3.22	6.20	9.44	9.52	9.53	35.24	35.36	35.38

KM 公司是一家现代化大型医药企业，主要经营中药材，业务涵盖中医药产业链，包括药材的种植、交易、加工以及销售。KM 公司成立于 1997 年，于 2001 年在上海证券交易所上市。作为比较典型的家族企业，KM 公司的大股东和实际控制者均为马某田。马某田夫妇占有 KM 公司股权比例远超剩余股东，在某种程度上主导着公司的经营与发展。2018—2019 年 KM 公司发展时间线梳理如表 7-4 所示。

表 7-4　2018—2019 年 KM 公司发展时间线梳理

时间	重大事件
2018 年 12 月	KM 公司被指控涉嫌信息披露违法违规，中国证监会立案调查
2019 年 4 月	KM 公司发布公告《关于前期会计差错更正的公告，货币资金、在建工程等项目严重错报》
2019 年 5 月	中国证监会通报 KM 公司调查进展，初步查明 KM 公司 2016—2018 年财务报告存在重大虚假，KM 公司承认造假指控
2019 年 11 月	KM 公司董事会决定将审计机构变更为 L 会计师事务所，此前 KM 公司已连续与 Z 会计师事务所合作长达 19 年

KM 公司关于前期会计差错更正的公告中的数据修改主要如表 7-5 所示。

表 7-5　数据修改　　单位：元

受影响的期间报表项目名称	更正前金额	差错更正累计影响金额	更正后金额
货币资金	34 151 434 208.68	-29 944 309 821.45	4 207 124 387.23
应收账款	4 351 011 323.40	641 073 222.34	4 992 084 545.74
应收利息	47 190 356.13	-47 190 356.13	—
其他应收款	180 323 027.94	5 713 820 971.90	5 894 143 999.84
存货	15 700 188 439.34	19 546 349 940.99	35 246 538 380.33
在建工程	1 084 519 812.47	631 600 108.35	1 716 119 920.82

表7-5(续)

受影响的期间报表项目名称	更正前金额	差错更正累计影响金额	更正后金额
递延所得税资产	261 001 505.68	29 586 632.91	290 588 138.59
其他应付款	1 603 455 877.02	190 545 991.67	1 794 001 868.69
盈余公积	1 882 478 621.90	-361 961 529.28	1 520 517 092.62
未分配利润	10 985 258 959.65	-3 257 653 763.48	7 727 605 196.17
营业收入	26 476 970 977.57	-8 898 352 337.51	17 578 618 640.06
营业成本	18 450 146 871.00	-7 662 129 445.53	10 788 017 425.47
销售费用	740 581 081.08	497 164 407.18	1 237 745 488.26
财务费用	969 264 876.00	228 239 962.83	1 197 504 838.83
资产减值损失	92 280 215.15	-12 396 935.10	79 883 280.05
所得税费用	732 053 848.25	1 859 540.27	733 913 388.52
销售商品、提供劳务收到的现金	28 766 131 827.76	-10 299 860 158.51	18 466 271 669.25
收到其他与经营活动有关的现金	943 030 295.93	137 667 804.27	1 080 698 100.20
购买商品、接受劳务支付的现金	24 324 394 786.49	-7 301 340 657.76	17 023 054 128.73
支付其他与经营活动有关的现金	924 659 143.70	3 821 995 147.82	4 746 654 291.52
购建固定资产、无形资产和其他长期资产支付的现金	1 795 351 236.12	352 392 491.73	2 147 743 727.85
收到其他与筹资活动有关的现金	361 587 400.00	-360 457 000.00	1 130 400.00

修正前，KM 公司 2010—2017 年年度报告摘选如表 7-6 所示。

表 7-6　KM 公司 2010—2017 年年度报告摘选　　单位：亿元

项目	2017 年	2016 年	2015 年	2014 年	2013 年	2012 年	2011 年	2010 年
货币资产（合并资产负债表）	341.5	273.3	158.18	99.85	84.97	61.05	63.23	27.59
货币资产（母公司）	306.4	261.9	151.31	95.04	81.44	51.53	60.66	27.31
受限制或冻结资金	—	—	—	—	0.31	0.08	—	—
有息负债	196.76	131.4	95.05	59.2	49.92	54.11	46.54	27.54
利息收入	2.69	1.81	1.65	0.63	0.59	0.49	0.66	0.14
利息费用	12.15	8.67	5.84	4.87	4.04	3.6	2.69	1.4

表7-6(续)

项目	2017年	2016年	2015年	2014年	2013年	2012年	2011年	2010年
大股东股份质押情况	87.70%	93.20%	92.10%	86.30%	90.10%	82.60%	37.50%	30.50%

KM公司的财务报表中，货币资金、有息负债较高，即“存贷双高”。一般认为，“存贷双高”可能由集团合并报表、行业特点、企业短期需要、资金受限等导致。

集团合并报表原因是指对于子公司较多的集团型企业，有的子公司账面现金充裕，而有的子公司更多依赖外部融资满足经营资金需求，从而在合并报表层面表现为“存贷双高”。从图7-2可知，2010—2017年，KM公司的母公司的货币资金逐年增加，并且基本占据合并资产负债表资金总额的90%以上，并不存在较多子公司的情况。

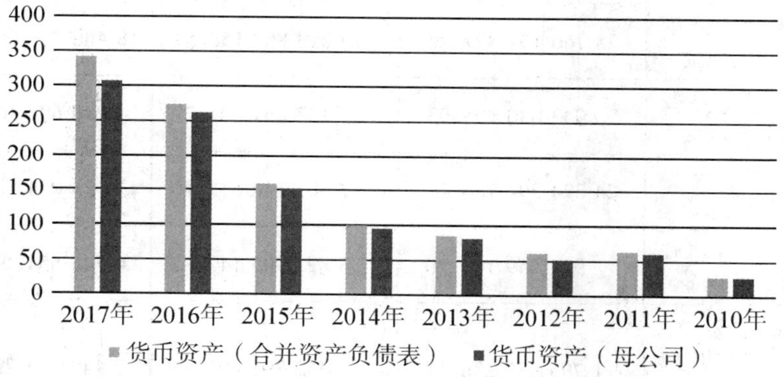

图7-2　2010—2017年KM公司货币资产构成与变化（单位：亿元）

财务报表存在“存贷双高”也有可能是行业特点所致，比如地产行业长期存在高货币资金和高有息负债并存的现象。但从KM公司的竞争对手来看，情况并非如此。2017年，Y公司货币资金为26.7亿元，占总资产的9.62%；P公司货币资金21.17亿元，占总资产的37.48%；KM公司货币资金为341.5亿元，占总资产的49.69%。2017年，Y公司有息负债为63.67亿元，占总资产的22.99%；P公司有息负债为4.669亿元，占总资产的8.27%；KM公司有息负债为196.76亿元，占总资产的28.63%。由此可见，KM公司存贷金额、比例远超同行可比公司。

2017年，KM公司并没有披露任何重大的项目支出或费用，仅“在建工程”科目从2.41亿元上升至10.84亿元；同时，近年也并未发生大型的企业并购。KM 公司 2010—2017 年的年度报告中均未披露受限制资金或只披露了少量的受限制资金。

因此，KM 公司的“存贷双高”并非以上原因导致。

2. “死亡的扇贝”

Z 公司始创于 1958 年，在海洋生物技术的支撑下，逐渐发展成为综合型海洋企业，业务覆盖范围广。其主要产业分别为：海洋牧场、休闲渔业、冷链物流和水产加工。Z 公司注册资本为 7.1 亿元，旗下设立分公司、全资子公司和控股或参股中外合资公司 40 余家，于 2006 年在深圳证券交易所挂牌上市。

我们需要了解 Z 公司对底播养殖产品的会计处理，再结合 Z 公司“伪造扇贝死亡”的具体操作，从中窥探 Z 公司财务造假的真相。

底播养殖产品是消耗性生物资产，其会计处理方式类似于存货。底播养殖产品在收获期进行采捕、销售时，根据捕捞面积与养殖面积的比例计算应转账面存货成本。凡到收获期的底播养殖产品，根据公司的采捕计划安排，若在该收获年度全部捕捞完毕，其成本全部结转完毕，则该底播养殖产品成本年末无余额。若因底播养殖产品的生长情况、市场需求等原因当期没有全部捕捞完毕的，年末则会根据尚未收获的养殖面积留存一定数额的存货成本。另外，根据 Z 公司的成本核算方式，针对重新底播的区域，其以往库存资产应该做核销处理。

2014 年，Z 公司的扇贝由于海水太冷，活活“被冻死”。2014 年 10 月 31 日，Z 公司发布公告称，受北黄海冷水团低温及变温等综合因素影响，几近绝收，因此公司决定对 105.64 万亩海域、成本为 73 461.93 万元的底播虾夷扇贝存货放弃采捕，直接默认全体扇贝死亡，进行核销处理；部分海域的扇贝虽“抗冻”，但也所剩无几，该海域的扇贝也卖不了多少钱了，因此对 43.02 万亩海域、成本为 30 060.15 万元的底播虾夷扇贝存货计提跌价准备 28 305 万元，扣除递延所得税影响 25 441.73 万元，净利润巨亏 76 325.2万元。这一年上演了“扇贝死亡”1.0 版。

2016 年，Z 公司的扇贝没有经历“非正常死亡”，但 Z 公司自己偷偷摸摸地搞了小动作。这一年，Z 公司另外捕捞了部分区域的扇贝，卖扇贝赚的钱算在了营业收入里，但扇贝的成本却没有反映在财务报表上。经第三方专业机构测算，Z 公司少记捕捞区域 13.93 万亩，当年营业成本虚减 6 002.99 万元。

另外，2016 年年底，Z 公司在部分海域养殖了新的扇贝，却“忘记”核销以往的扇贝。经比对 Z 公司 2016 年年初、2017 年年初底播虾夷扇贝库存图和捕捞船只导航定位信息发现，部分 2016 年年初库存区域未显示捕捞航行轨迹，而 2016 年年底 Z 公司在这部分区域进行了底播，并且 Z 公司未核销上述区域的既往库存资产，营业外支出虚减 7 111.78 万元。当年利润总计虚增 13 114.77 万元。

2017 年，Z 公司的操作正好与上一年相反。Z 公司多记捕捞区域 5.79 万亩，营业成本虚增 6 159.03 万元。另外，Z 公司在 2017 年又“忘记”核销以往的扇贝。经比对 Z 公司 2016 年年初底播虾夷扇贝库存图、2016 年和 2017 年虾夷扇贝底播图、捕捞船只导航定位信息发现，部分 2016 年年初有记载的库存区域在 2016 年和 2017 年均没有显示捕捞轨迹，而该区域在 2017 年年底重新进行了底播，并且 Z 公司未核销上述区域的既往库存资产，虚减营业外支出 4 187.27 万元。

2018 年，Z 公司的扇贝由于海水异常，活生生“饿死”了。2018 年 2 月5 日，Z 公司发布公告，由于降水减少、养殖规模的大幅扩张以及海水温度的异常，长时间处于饥饿状态的扇贝最终死亡。这一年的处理和 2014 年有些相似，Z 公司还是默认大部分海域的扇贝都被“饿死”了，对 2014 年、2015 年以及 2016 年投苗的 107.16 万亩虾夷扇贝进行了核销处理，核销金额为 57 758.13 万元，另外对 2015 年、2016 年投苗的 24.30 万亩虾夷扇贝库存进行了减值处理，计提跌价准备 5 110.04 万元，上述两项合计影响净利润 62 868.17 万元，亏损金额全部计入 2017 年度损益。

2018 年 4 月 28 日，Z 公司发布公告，对 2018 年 2 月 5 日的公告数据进行了调整。其中，核销金额调整为 57 757.95 万元，减值金额调整为 6 072.16万元。扇贝“饿死”使得 2017 年业绩大变脸。这一年上演了“扇贝死亡”2.0 版。

此外，2017 年除了扇贝不幸“饿死”外，Z 公司又在搞小动作，以前年度捕捞的扇贝该卖的已经卖了，可 Z 公司又把这几批“消失”的扇贝进行了核销或减值处理，重复进行计算。经第三方专业机构测算，核销区域与捕捞船只实际作业区域存在重合。核销海域中，2014 年、2015 年和 2016 年底播虾夷扇贝分别有 20.85 万亩、19.76 万亩和 3.61 万亩已在以往年度采捕，虚增营业外支出 24 782.81 万元；减值海域中，2015 年、2016 年底播虾夷扇贝分别有 6.38 万亩、0.13 万亩已在以往年度采捕，虚增资产减值损失 1 110.52 万元。

总结以上操作，Z 公司在 2017 年虚增营业成本 6 159.03 万元，虚增营业外支出 20 595.54 万元，虚增资产减值损失 1 110.52 万元，总计虚减当年利润 27 865.09 万元。

时间到了 2019 年，Z 公司的扇贝又出事了，这一次 Z 公司甚至没有给出任何理由，只是说扇贝“突发死亡”。2019 年 11 月 15 日，Z 公司再次发布公告，称底播虾夷扇贝出现大规模死亡。根据抽测结果，在养的 58.35 万亩底播虾夷扇贝中，其中亩产过低、采捕变现价值不足以弥补采捕成本的海域面积为 39.07 万亩，需核销成本 19 562.33 万元；亩产较低，需计提存货跌价准备区域的面积为 13.9 万亩，预计计提跌价准备金8 205.89万元。这一年上演了“扇贝死亡”3.0 版。

2020 年 6 月 15 日，中国证监会在调查“扇贝饿死”事件并查明真相之后，发布了行政处罚决定书，对 Z 公司及吴某刚等 16 名责任人员给予警告，并处以不同数额的罚款。2020 年 6 月 24 日，中国证监会对 Z 公司案作出行政处罚及市场禁入决定，长达 6 年时间的闹剧结束。

Z 公司的虾夷扇贝每隔一两年就会“冻死”“饿死”，并且扇贝的每一次死亡都是那么“善解人意”“恰到好处”。Z 公司 2014—2017 年归属于母公司所有者的净利润如表 7-7 所示。由于 2014 年、2015 年连续两年亏损，Z 公司于 2016 年 5 月被实施退市风险警示，若第三年仍是亏损，则 Z 公司会被暂停上市。危急关头下，Z 公司 2016 年恰好净利润扭亏为盈，于 2017 年 3 月撤销退市风险警示。撤销警示之后，扇贝又“不翼而飞”。2017 年，Z 公司产生巨额亏损。

表 7-7　Z 公司 2014—2017 年归属于母公司所有者的净利润

单位：亿元

项目	2014	2015	2016	2017
归属于母公司所有者的净利润	-11.89	-2.43	0.80	-7.23

在这个特殊的时间点，Z 公司为了避免退市，有很大的动机去调节利润。然而，Z 公司方面矢口否认。直到 2018 年 2 月 9 日，中国证监会 D 证监局依法对 Z 公司涉嫌证券违法违规行为正式立案。在调查过程中，证监部门统筹执法力量，走访渔政监督、水产科研等部门寻求专业支持，依托科技执法手段开展全面深入调查。在无逐日采捕区域记录可以核验的情况下，证监部门借助卫星定位数据，对 Z 公司 27 条采捕船只数百余万条海上航行定位数据进行分析，委托两家第三方专业机构运用计算机技术还原了采捕船只的真实航行轨迹，复原了 Z 公司两年来的真实的采捕海域，进而确定实际采捕面积，并据此认定 Z 公司成本、营业外支出、利润等方面存在虚假。

3. C 集团：子公司实力“坑爹”

2018 年年底，C 集团自爆其子公司 CY 公司存在造假嫌疑，引发舆论关注。CY 公司是 C 集团于 2016 年 6 月 7 日以 18.80 亿元的价格收购了 80%股权的子公司，溢价 6.5 倍，资产评估增值率高达 652.02%。CY 公司于 2016 年 7 月 28 日正式成为 C 集团控股子公司，并从 8 月起编制合并财务报表。根据收购时的协议约定，CY 公司原股东承诺 2016 年度、2017 年度合并报表口径，扣除非经常性损益后的净利润合计不少于 3.5 亿美元，然而，实际上（加上造假数据后）只实现了 3.32 亿美元。

2016 年起，CY 公司在原有设备销售业务的基础上大力开拓智能工厂总包新业务，但这些业务被发现问题重重。虽然当时已有造假之声发出，但 CY 公司原董事长尹某勇却将智能工厂项目的停滞原因归咎于 C 集团没有给予支持、排挤原高管等。2018 年年底，C 集团与 CY 公司的矛盾开始爆发。2018 年 12 月24 日，C 集团发布公告揭露子公司存在业绩造假的嫌疑，其中就包括 CY 公司。2019 年 3 月，尹某勇因挪用资金、职务侵占被刑事立案。2019 年 4 月 26 日，C 集团在 2018 年年报中披露，CY 公司 2016 年、2017 年分别虚增利润 0.85 亿元、2.63 亿元，这份年报也收到会计师事务所给出的保留意见。

2019 年 5 月，中国证监会对 C 集团立案调查。2020 年 10 月 24 日公布的调查结果显示，财务造假主责为 CY 公司，其通过虚构海外销售、提前或重复确认收入、签订“阴阳合同”、项目核算不符合会计准则等多种方式虚增业绩，导致 C 集团 2016 年度、2017 年度报告中披露的财务数据存在虚假记载。财务造假梳理表如表 7-8 所示。

表 7-8　财务造假梳理表　　　　单位：万元

<table>
<tr><th rowspan="2">年份</th><th rowspan="2">造假性质</th><th rowspan="2">造假细节</th><th colspan="3">造假科目与金额</th></tr>
<tr><th>造假年份/方向</th><th>营业收入</th><th>利润总额</th></tr>
<tr><td>2015</td><td>虚构海外销售</td><td>与泰国公司签订销售合同，在货物出口但未运抵购买方时便确认收入</td><td colspan="3">虚增 2016 年、2017 年期末应收账款870.41 万元</td></tr>
<tr><td rowspan="5">2016</td><td>虚构海外销售</td><td>与6家柬埔寨公司签订销售合同并确认收入，但柬埔寨公司只协助清关，不存在付款义务</td><td rowspan="2">2016/虚增</td><td>5 662.91</td><td>3 954.70</td></tr>
<tr><td rowspan="2">提前确认收入</td><td rowspan="2">与越南代理商签订销售合同，约定其销售货物后才有付款义务，但在合同签订当年就提前全额确认收入</td><td>3 233.44</td><td>2 270.76</td></tr>
<tr><td>2017/虚减</td><td>565.96</td><td>432.37</td></tr>
<tr><td rowspan="2">虚假估计确认建造合同收入</td><td rowspan="2">与国内企业签订项目建造合同，错误使用完工百分比法对这些项目进行不合理估计，并确认合同收入</td><td rowspan="2">2016/虚增</td><td>6 074.92</td><td>6 074.92</td></tr>
<tr><td>15 145.99</td><td>14 243.45</td></tr>
<tr><td rowspan="3">2017</td><td>虚构海外销售</td><td>与国外客户签订销售合同，在未发货情况下确认销售收入</td><td rowspan="3">2017/虚增</td><td>629.76</td><td>629.76</td></tr>
<tr><td>重复确认收入</td><td>与国内企业签订销售合同，重复开具发票，继而重复确认收入</td><td>489.82</td><td>489.82</td></tr>
<tr><td>“阴阳合同”</td><td>CY 公司与客户签订，21 份融资租赁合同，每份合同除价格有高价、低价两个版本外，其他内容完全相同，CY 公司在商品未完全发货前提下按高价合同确认全部收入</td><td>5 259.17</td><td>3 059.17</td></tr>
</table>

造假行为给 C 集团带来的“利益”表如表 7-9 所示。

表 7-9　造假行为给 C 集团带来的“利益”表

年份	虚增销售收入/万元	占集团当年销售收入比重/%	虚增利润总额/万元	占集团当年利润总额比重/%
2016	14 971.27	2.56	12 300.38	15.21
2017	20 958.78	2.82	17 989.83	14.85

补充资料如下：

（1）C 集团营业收入数据如表 7-10 所示。

表 7-10　C 集团营业收数据　　单位：亿元

项目	2013	2014	2015	2016	2017
修正前	28.22	33.49	41.62	58.48	74.32
修正后	28.22	33.49	41.62	55.15	58.37

（2）C 集团归属净利润数据如表 7-11 所示。

表 7-11　C 集团归属净利润数据

项目	2013	2014	2015	2016	2017
修正前	3.04	3.66	4.83	6.40	11.36
修正后	3.04	3.66	4.83	1.06	-0.74

（3）公司毛利率稳定在 45%左右。

（4）每股收益如表 7-12 所示。

表 7-12　每股收益　　单位：元

项目	2015	2016	2017
基本每股收益	0.43	0.53	0.88
稀释每股收益	0.42	0.53	0.85

（5）商誉。C 集团共拥有 69 家子公司，其中 50 家是通过高溢价收购得到的。由于连续收购及收购标的高溢价，C 集团的商誉由 2014 年年末的 9.1 亿元，激增至 2017 年年末的 54.8 亿元，占资产总额的比例达 26.66%（见表 7-13）。截至 2017 年年末，商誉减值准备金额为 1.18 亿元，收购的标的业绩远不如预期。商誉减值风险较大，使未来公司利润有较大不确定性。

表 7-13　商誉一览表　　单位：亿元

项目	2013	2014	2015	2016	2017	2018.9	2018	2019
商誉	3.84	9.15	23.69	39.88	54.80	54.45	30.70	17.62

三、案例分析

1. 案例蕴含的思政元素

本案例蕴含的思政元素主要是社会主义核心价值观中的诚信。

诚信是社会主义核心价值观中的一种对个人、对组织、对社会的隐性约束观念。塑造以诚信为风尚的价值观有利于会计职业道德水平的提升，而一套健全的诚信管理体系是市场经济繁荣发展的基石。上市公司财务造假会破坏公司公正透明的运营环境，败坏社会风气。个别上市公司为掩盖业绩不达标的现实而进行财务造假，扰乱市场经济的正常运行，使诚信社会的建设也受到了极大的挑战。

上市公司会计信息作为企业利益相关者了解企业经营情况和经营成果的主要载体，一旦出现虚假信息，势必会带来严重后果。如果造假持续进行，势必会引发社会诚信危机，不仅不利于诚信社会建设，还会对社会经济的各个领域产生不良影响。只有企业都诚信地披露会计信息，才能使资本市场有序运行，才能推动我国经济向高质量发展阶段转型。

2. 启发思考题及分析

学习本案例以后，我们会提出以下思考题：

（1）结合 KD 公司和 KM 公司的案例，思考“存贷双高”出现的原因及其在财务报表中的体现。

（2）结合 Z 公司的案例，分析农业类上市公司财务造假的特点及其在财务报表中的表现，有针对性地提出预防手段。

（3）分析 C 集团子公司财务造假的特点以及财务指标上的预警，分析造假原因，并提出相应的预防手段。

构建人类命运共同体，助力实现“碳中和”

——碳排放权的会计确认与计量

赵尘

一、案例概况

1. 案例针对对象

本案例针对对象为全校本科一年级学习大学科基础课程会计学的学生。本案例为描述性案例，适用于会计学课程中收入与利润部分的教学。

2. 案例教学目标

通过学习该案例应达到以下目标：

知识目标：帮助学生理解碳排放权资产、营业外收入、营业外支出的概念；掌握碳排放权资产的确认、初始计量以及后续计量。

能力目标：第一，提升学生的系统思维能力，让学生通过阅读材料，了解碳会计的国内外发展现状，提炼相关知识体系。教师通过对材料的分析讲解，帮助学生系统地了解相关知识，引导学生培养分析问题的能力。第二，提升学生的判断实践能力。帮助学生根据案例材料，对国内外碳会计问题进行对比，熟练掌握国内碳资产会计处理；通过教师的引导展望碳资产会计的发展。

价值目标：通过案例，引入人类命运共同体和大国责任与担当的思政元素，帮助学生了解中国在全球环境治理中所承担的责任和取得的成就。

二、案例正文

2021 年全国“两会”期间，“碳达峰”和“碳中和”被首次写入政府工作报告并迅速成为热词。何谓“碳达峰”“碳中和”？这两个概念为什么突然就“火”了？国际气候议题中，各国博弈与减排责任之间的关系是怎样的？中国在实现“碳达峰”“碳中和”目标方面取得了怎样的成果？“碳达峰”“碳中和”又将会怎样影响会计实践呢？

1. 背景介绍

（1）什么是“碳达峰”“碳中和”？

“碳达峰”“碳中和”两个概念中的“碳”，实际上都是指二氧化碳，特别是人类生产生活活动产生的二氧化碳。“碳达峰”是指二氧化碳排放总量在某一个时间点达到历史峰值，这个时间点并非一个特定的时间点，而是一个平台期，其间碳排放总量依然会有波动，但总体趋势平缓，之后碳排放总量会逐渐稳步回落。“碳中和”则是指企业、团体或个人在一定时间内直接或间接产生的二氧化碳排放总量，通过二氧化碳去除手段，如植树造林、节能减排、产业调整等，抵消掉这部分碳排放，达到“净零排放”的目的。科学数据证明，当前严重威胁人类生存与发展的气候变化主要是工业革命以来人类活动造成的二氧化碳排放所致。应对气候变化的关键在于“控碳”，其必由之路是先实现“碳达峰”，而后实现“碳中和”。

早在 2014 年 11 月 12 日，国家主席习近平与美国时任总统奥巴马共同发表的《中美气候变化联合声明》就明确了中国计划 2030 年左右二氧化碳排放达到峰值且将努力早日达到峰值，并计划到 2030 年非化石能源占一次能源消费比重提高到 20% 左右。多年来，国务院一直致力于推动二氧化碳排放 2030 年左右达到峰值并争取尽早达到峰值，各省（自治区、直辖市）在本地“十三五”控制温室气体排放工作方案中，根据各自地区资源禀赋条件，不同程度提出了部分行业二氧化碳排放达到峰值的初步目标。

2020年9月22日，国家主席习近平在第七十五届联合国大会上指出："中国将提高国家自主贡献力度，采取更加有力的政策和措施，二氧化碳排放力争于2030年前达到峰值，努力争取2060年前实现碳中和。"

（2）为什么要促进实现"碳达峰""碳中和"？

能源是经济社会发展和文明进步的动力源泉。近代以来，煤炭、石油等化石能源的大规模开发利用，有效提高了各国的生产效率，改善了人类生活方式，先后让数十个国家实现了现代化。然而，环境污染、能源短缺、气候变化等问题随之也愈发突出。世界卫生组织指出，全球每年因大气污染死亡的人数高达700万人，呼吁世界各国减少使用化石燃料。世界气象组织发布的数据显示，2011—2020年是工业革命以来最热的10年，其中最热的一年是2020年。随着气候变化加剧，全球各地将不断出现极端天气，造成巨大的经济损失。在2020年12月12日举行的气候雄心峰会上，联合国秘书长古特雷斯更是呼吁各国领导人宣布本国进入"气候紧急状态"，直到实现"碳中和"。可以说，碳排放问题是关乎全球环境及气候、关乎人类命运的重大问题。

能源变革并非一朝一夕之功，世界上很多国家都在加快行动。从签署《巴黎协定》到全球各国纷纷宣布"碳中和"目标，从削减化石能源消费量到大力发展新能源，全球正在加快推动以清洁低碳为导向的新一轮能源变革。作为全球最大的发展中国家和第二大经济体，中国是世界上最大的能源生产消费国，也是能源利用效率提升最快的国家。2020年12月21日，国务院新闻办公室发布《新时代的中国能源发展》引发广泛关注，中国在2060年前实现"碳中和"的"路线图"更加清晰，体现了中国主动承担应对气候变化国际责任、推动构建人类命运共同体的责任担当。

2. 碳排放权交易

碳排放权就是二氧化碳的排放权利，碳排放权交易就是将此权利作为可以交易的商品，在双方都认可的公平条件下进行公开、自愿的交换。具体来说，一些碳排放量超过排放指标的企业以协议或竞价的方式向指标富余的企业或地方购买指标，以达到整体上的"碳中和"。中国选择了以激励为主的市场化减排政策，积极引入碳排放权交易机制。碳排放权交易机制包括总量控制与交易、基准与信用两种模式，前者通常被称为配额交易，后者通常被称为自愿减排交易。简单地理解，碳排放权交易市场有两类基础产品，一类为政策制定者初始分配给企业的减排量（配额），另一类就是 CCER，即通过实施项目削减温室气体而获得的减排凭证。在履约过程中，企业如果超出了国家给的碳配额，就需要购买其他企业的碳配额，随即形成了碳交易。企业也可以通过采用新能源等方式自愿减排，这种自愿减排量经过国家认证之后，就可以称为 CCER。它可以在控制碳排放量企业履约时用于抵消部分碳排放，不仅可以适当降低企业的履约成本，同时也能给减排项目带来一定收益，促进企业从高碳排放向低碳化发展。因此，CCER 抵消使用对于全国碳市场建设有着重要的意义。碳交易机制如图 7-3 所示。

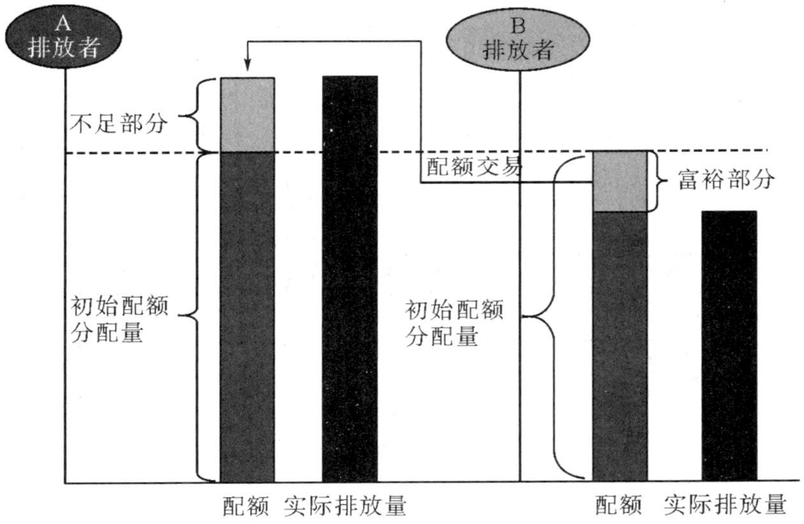

图 7-3　碳交易机制

2011 年 10 月 29 日，国家发展改革委员会发布《关于开展碳排放权交易试点工作的通知》，宣布在深圳、上海、北京、广东、天津、湖北和重庆 7 个省（市）开展碳排放权交易试点工作。自 2013 年 6 月起，7 个试点省（市）先后启动碳排放权交易市场。截至 2019 年 10 月底，全国各试点二级市场配额累计成交量约为 347 亿吨，配额累计成交金额约为 76.8 亿元，自愿减排量累计成交量为 2 亿吨。2021 年 7 月 16 日，全国碳排放权交易市场开市。

3. 碳排放权会计

碳会计的全称是碳排放权会计。碳会计需要遵循碳交易地的市场法规，以碳排放权配额、核证减排量及其等值货币为计量单位，以企业履行低碳、减碳等强制或自愿节能减排社会责任为基础，对碳交易业务进行确认、计量、核算和报告，即公司财务报表中碳排放单位的会计计量的标准化问题。可见，碳会计的定义与“碳排放权”“市场交易”“交易规则”“会计工具”等关键词密切相关，碳交易市场是生态现象过渡到经济现象的必然产物，会进一步影响会计实践。碳会计核算体系如图 7-4 所示。

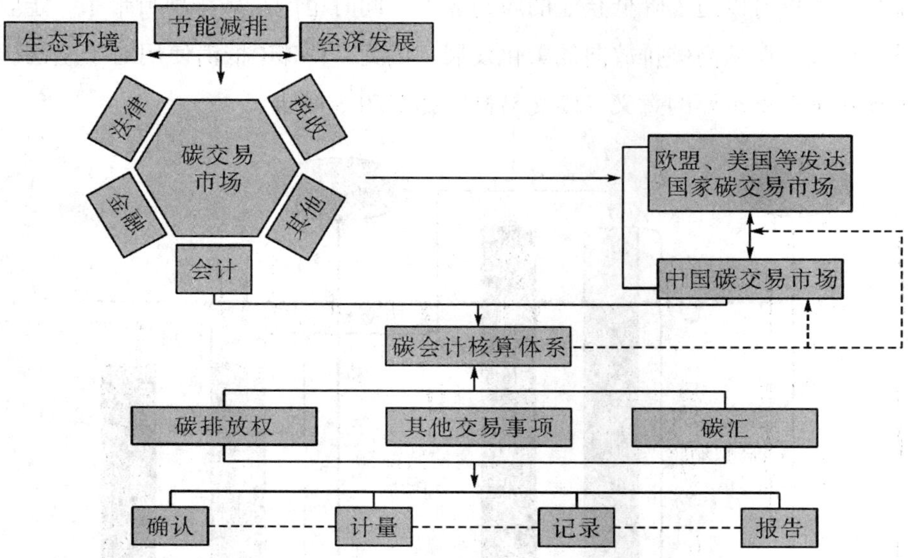

图 7-4　碳会计核算体系

为配合我国碳排放权市场的建设，并将会计处理作为碳排放权交易市场建设的保障制度之一，2019 年 12 月 23 日，财政部正式发布了《碳排放权交易有关会计处理暂行规定》（财会〔2019〕22 号，以下简称《暂行规定》），就碳排放权交易相关的会计处理进行了规范。《暂行规定》自 2020 年 1 月 1 日起施行，重点排放企业应当采用未来适用法应用该规定。考虑到我国碳排放权交易市场尚在试点阶段，全国市场还在酝酿中，具体的市场机制尚未明确，《暂行规定》的导向是简便易行。

（1）会计初始确认。碳排放权是一种可供使用、交易的经济资源，属于由企业过去的交易或者事项形成的、由企业拥有或控制的、预期会给企业带来经济利益的资源，因此是企业的一项资产。与该资源有关的经济利益很可能流入企业，该资源的成本或价值能够可靠计量。因此，碳排放权应确认为企业的资产。

为避免争议，《暂行规定》要求，重点排放企业应当设置“1489 碳排放权资产”科目，核算通过购入方式取得的碳排放配额。重点排放企业的国家核证自愿减排量相关交易，参照《暂行规定》进行会计处理，在“碳排放权资产”科目下设置明细科目进行核算。“碳排放权资产”科目的借方余额在资产负债表中的“其他流动资产”项目列示。对于计量属性，由于企业持有配额主要是保证自身的清洁发展，因此按照成本进行计量更贴近企业的业务实际。对于政府免费分配的碳排放配额，由于与直接取得资产的政府补助不同，且按公允价值确认补助后按公允价值结转损益与不确认为政府补助对净利润的影响基本一致，从简化实务的角度出发，通过政府免费分配等方式无偿取得碳排放配额不作账务处理更便于操作。

（2）初始及后续计量。关于资产的计量属性，我国《企业会计准则——基本准则》中界定了历史成本、重置成本、可变现净值、现值和公允价值。在企业用以上方法对会计要素进行计量时，为了保证计量过程的准确性和可靠性，需要确定所列的会计要素金额数据都是可取的，并且数据来源真实可靠。对碳资产的会计处理，其核心内容就是对碳资产进行确认和量化。和传统会计不同的是，碳资产的会计处理涵盖了资产的认定、计算以及确定的过程，但因为其本身的特殊性，造成了其在处理过程中和传统会计的差异。《暂行规定》的账务处理要求如下：

①重点排放企业购入碳排放配额的，按照购买日实际支付或应付的价款（包括交易手续费等相关税费），借记“碳排放权资产”科目，贷记“银行存款”“其他应付款”等科目。重点排放企业无偿取得碳排放配额的，不作账务处理。

②重点排放企业使用购入的碳排放配额履约（履行减排义务）的，按照所使用配额的账面余额，借记“营业外支出”科目，贷记“碳排放权资产”科目。重点排放企业使用无偿取得的碳排放配额履约的，不作账务处理。

③重点排放企业出售碳排放配额，应当根据配额取得来源的不同，区分以下情况进行账务处理：

第一，重点排放企业出售购入的碳排放配额的，按照出售日实际收到或应收的价款（扣除交易手续费等相关税费），借记“银行存款”“其他应收款”等科目，按照出售配额的账面余额，贷记“碳排放权资产”科目，按其差额，贷记“营业外收入”科目或借记“营业外支出”科目。

第二，重点排放企业出售无偿取得的碳排放配额的，按照出售日实际收到或应收的价款（扣除交易手续费等相关税费），借记“银行存款”“其他应收款”等科目，贷记“营业外收入”科目。

④重点排放企业自愿注销购入的碳排放配额的，按照注销配额的账面余额，借记“营业外支出”科目，贷记“碳排放权资产”科目；重点排放企业自愿注销无偿取得的碳排放配额的，不作账务处理。

《暂行规定》的碳排放权账务处理如图 7-5 所示。

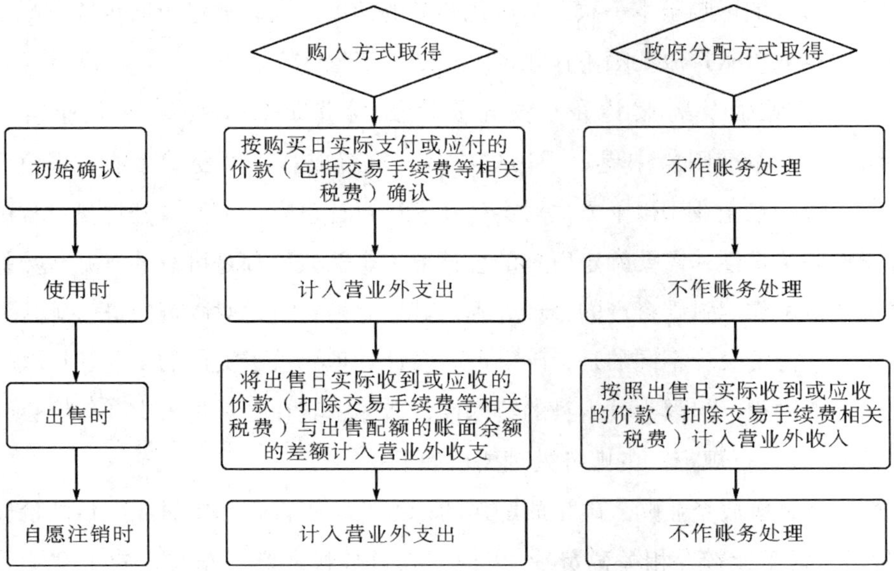

图 7-5　《暂行规定》的碳排放权账务处理

三、案例分析

1. 案例蕴含的思政元素

（1）人类命运共同体。人类命运共同体旨在追求本国利益时兼顾他国合理关切，在谋求本国发展中促进各国共同发展。人类只有一个地球、一个世界。2012 年 11 月，党的十八大明确提出要倡导“人类命运共同体”意识。习近平表示，国际社会日益成为一个你中有我、我中有你的“命运共同体”，面对世界经济的复杂形势和全球性问题，任何国家都不可能独善其身。

当今世界面临着百年未有之大变局，政治多极化、经济全球化、文化多样化和社会信息化潮流不可逆转，各国间的联系和依存程度日益加深，但也面临诸多共同挑战，粮食安全、资源短缺、气候变化、网络攻击、人口爆炸、环境污染、疾病流行、跨国犯罪等全球非传统安全问题层出不穷，对国际秩序和人类生存都构成了严峻挑战。不论人们身处何国、信仰如何、是否愿意，实际上已经处在一个命运共同体中。与此同时，一种以应对人类共同挑战为目的的全球价值观已经开始形成，并逐步达成国际共识。

推进绿色低碳转型，构建人类命运共同体是当今国际社会的重要议题。工业革命之后，环境问题从区域性问题逐渐升级成为全球性问题并一直延续至今，全球气候变暖、冰川融化加速、海洋污染、野生动物种类急剧下降、全球碳排放总量飞速上涨，给人类带来了严重的威胁。联合国环境规划署为解决温室气体减排问题在 20 世纪末期提出了新的方案，即把二氧化碳排放权作为一种商品，形成一种二氧化碳排放权或碳排放指标的交易，简称碳交易。1997 年，《京都议定书》的目的就在于限制各国每年碳排放总量。2011 年，联合国环境规划署进行了重新讨论和修订《京都议定书》的工作，进一步加强了对碳排放的限制、肯定了国际“碳合作”。我们可以明确，要建立一个清洁美丽的世界环境，必须在世界各国积极合作、共同努力的前提下进行，任何一个国家想要独善其身，都必然会遭到自然的惩罚。这要求我们必须树立人类命运共同体意识。

（2）大国责任与担当。和而不同、和谐万邦，始终是中国的天下情怀，也是中国的大国智慧。中国将深入参与全球治理进程，引导经济全球化朝着更加包容互惠、公正合理的方向发展。中国还将携手各国一道，在共同协商、平等对话、相互助力的基础上，合力解决现代化发展面临的普遍性难题，共同跨越和突破现代化发展的各种陷阱和困局。这充分表明，中国的发展已经并正在为世界的发展做出更大的贡献，满足了各国人民对我们的期待。这也正是中国在新的时代条件下的大国担当。

在实现“碳中和”的过程中，中国始终积极应对气候变化，展现了作为大国的责任与担当。我国提前完成了 2020 年的气候行动目标，为全球应对气候变化做出重要贡献。根据相关研究，2019 年，我国国内生产总值

（GDP）比2005年（国家自主贡献目标基准年）增长了4倍多，单位GDP二氧化碳排放比2005年下降了48.1%，单位GDP能耗比2005年下降了42.5%，1991年以来累计节能量约占全球的58%；非化石能源占一次能源比重由7.4%提高到15.3%，可再生能源装机总量约占全球的30.4%，连续7年成为全球可再生能源投资第一大国。

2020年12月12日，习近平主席在气候雄心峰会上发表重要讲话，宣布到2030年，中国单位国内生产总值二氧化碳排放将比2005年下降65%以上，非化石能源占一次能源消费比重将达到25%左右，森林蓄积量将比2005年增加60亿立方米，风电、太阳能发电总装机容量将达到12亿千瓦以上。这些强有力的宣示，描绘了我国未来实现绿色低碳发展的蓝图，为落实《巴黎协定》、推进全球气候治理进程和新冠肺炎疫情后绿色复苏注入了强大的政治推动力，得到国际社会的广泛赞誉，同时也表明中国应对气候环境问题的决心以及引领全球可持续发展的担当。

2. 启发思考题及分析

学习本案例以后，我们会提出以下思考题：

（1）我们个人可以为实现“碳达峰”“碳中和”做出什么贡献？

（2）碳排放权应该确认为何种资产？

（3）G公司作为上海碳排放权交易试点企业之一，于2016年1月开始进行碳排放权交易，完成注册后，获得了由政府免费发放的3 700万吨配额。2016年全年G公司共排放3 807万吨，碳配额总缺口为100万吨，于2016年12月从碳市场购买107万吨配额，共计花费1 070万元。2017年3月，G公司将购入未用完的7万吨配额售出，实现盈利80万元。2017年年底，G公司按计划顺利完成2017年度碳履约，剩余免费配额出售实现盈利340万元。G公司关于碳排放权的获取、购买、使用和销售应该进行什么样的会计处理？

（4）我国碳会计相关处理准则还有何不足？

四、参考文献

［1］李栋. 绿色金融如何助力实现碳中和［J］. 债券，2021（3）：46-49.

［2］沈洪涛. 碳排放权交易会计的国际模式与中国实践［J］. 财务与会计，2020（11）：11-15.

［3］尚凯元，郑彬，李晓骁. 实现碳中和，需要全球合作应对［EB/OL］.（2021-02-03）［2021-08-08］. http://world.people.com.cn/gb/n1/2021/0203/c1002-32020714.html.

［4］薛秀军. 当代中国的大国担当［EB/OL］.（2021-06-07）［2021-08-08］. http://www.xinhuanet.com//politics/2017-06/07/c_1121099239.htm.

［5］张欣雨. "人类命运共同体"思想内涵研究［EB/OL］.（2020-08-17）［2021-08-08］. https://www.fx361.com/page/2020/0817/6955296.shtml.

迷途知返，不忘初心

——前期差错及其更正

杨鸣京

一、案例概况

1. 案例针对对象

本案例针对对象为全校本科一年级学习大学科基础课程会计学的学生。

本案例适用章节为《会计学》（第九版，赵德武主编）第八章收入与利润。

2. 案例教学目标

通过学习该案例应达到以下目标：

知识目标：帮助学生理解前期差错的概念、两类信息的内容、前期差错的内容；掌握重要的前期差错和不重要的前期差错的会计处理方法、前期差错更正的披露要求。

能力目标：第一，提升学生的系统思维能力，让学生通过阅读材料，提炼前期差错及其更正的相关知识。教师通过对材料的分析讲解，帮助学生系统地了解相关知识，引导学生培养分析问题的能力。第二，提升学生的判断实践能力。帮助学生根据案例材料，就合理更正前期差错的情况进行初步判断，运用适当的理论知识，从前期差错更正方面为提高企业会计信息质量提供合理的政策建议。

价值目标：引入在中国共产党历史转折中占据重要地位的遵义会议的案例，引导学生明白要及时纠正错误，不要偏离正确的道路；引入 K 药业前期差错更正的案例，引导学生明白不要抱有侥幸心理，要不忘初心，养成诚信做人的品质。

二、案例正文

1. 前期差错更正案例

2019 年 4 月 30 日，KM 公司一则前期会计差错更正的公告将企业股价封于跌停板。一时间，关于 KM 公司财务差错和财务造假的争论不绝于耳。继 2019 年 4 月 30 日上海证券交易所发出监管工作函，要求 KM 公司自查并核查前期会计差错涉及的相关事项后，2019 年 5 月 5 日晚间，上海证券交易所再次向 KM 公司下发问询函，追问货币资金核算出现重大差错的具体原因等诸多细节。

2019 年 4 月 30 日，KM 公司发布 2018 年年报，报告期内，企业实现营业收入 193. 56 亿元，同比增长 10. 11%，归属于上市企业股东的净利润 11. 35 亿元，同比减少 47. 2%。然而，一则与年报同时发布的会计差错更正公告令 KM 公司股价遭遇重挫。在此背景下，上海证券交易所向 KM 公司发出监管工作函，要求 KM 公司自查并核查前期会计差错涉及的相关事项，充分披露相关信息，明确投资者预期。

公告显示，KM 公司于 2018 年 12 月 28 日被中国证监会立案调查，KM 公司对此进行自查以及必要的核查。2018 年之前，KM 公司在营业收入、营业成本、费用及款项收付方面存在账实不符的情况。通过企业自查后，KM 公司对 2017 年财务报表进行重述。其中，分别调减货币资金、营业收入、营业成本 299. 44 亿元、88. 98 亿元、76. 62 亿元，分别调增存货、其他应收款、应收账款、在建工程 195. 46 亿元、57. 14 亿元、6. 41 亿元和 6. 32 亿元。同时，根据年审会计师出具的企业非经营性资金占用及其他关联资金往来情况的专项说明，报告期末，KM 公司其他应收款余额中包括其自查的向关联方提供资金余额 88. 79 亿元，但年审会计师称未能获取充分、适当的审计证据，导致无法确定相关金额的准确性和款项的可回收性。

对此，上海证券交易所向KM公司下发监管工作函，直指上述事项反映出企业在财务管理、信息披露、内部控制等方面可能存在重大疑问。上海证券交易所要求KM公司认真核查本次前期会计差错更正所涉及的具体事项，包括但不限于涉及差错调整的交易背景、对象及其关联关系、会计差错发生的时点、发生差错的具体原因和责任人等；同时，针对KM公司应收大股东及其关联方非经营性往来款88.79亿元，KM公司要进一步核实上述非经营性资金往来的发生时点、涉及事项、金额、占用期限等情况，明确上述往来款项是否构成大股东及其关联方非经营性资金占用。

2019年5月5日，上海证券交易所再次向KM公司发出问询函，要求KM公司严格区分会计准则理解错误和管理层有意财务舞弊行为性质的不同，如实核查是否存在财务报告编制等方面的信息披露违法违规行为。

同时，上海证券交易所详细追问了KM公司多计货币资金的存放方式、主要账户、限制性情况、是否存在违规资金使用及资金的主要去向以及货币资金核算出现重大差错的具体原因等。此外，KM公司少计其他应收账款、存货、在建工程以及多计营业收入、营业成本的原因等相关项目细节等，都受到监管问询。

此外，因前期差错更正涉及采购付款、工程款支付、确认业务款项等环节的会计处理，上海证券交易所要求KM公司核实并补充披露差错调整整体情况，包括分科目列示更正前后的具体会计处理、依据及其合规性，各会计差错追溯调整的具体报告期及调整依据。

2. 历史的转折——遵义会议

1934年10月，中央红军被迫撤离中央苏区。拥有最高军事指挥权的博古、李德使战略转移变成了大搬家式的行动。渡过湘江后，中央红军由出发时的8.6万余人锐减到3万多人。当时博古、李德坚持按原计划到湘西与红二、红六军团会合，但蒋介石早已布置好口袋阵，如不改变原定的前进方向，中央红军就有全军覆没的危险。紧急关头，中共中央先后召开了通道会议、黎平会议。根据毛泽东的建议，中央红军最终放弃与红二、红六军团会合的计划，改向敌军力量薄弱的贵州北部前进。随后的猴场会议上，中央政治局取消了博古、李德的军事指挥权。

1935年新年刚过，中央红军巧取黔北重镇——遵义。在城中这座国民党军阀师长柏辉章的崭新公馆里，即将召开一场酝酿许久、迫在眉睫的会议。1935 年 1 月 15 日晚上 7 点多，柏公馆二楼，中共中央政治局扩大会议的与会者陆续到来，房间里顿时显得有些拥挤。尤其是王稼祥被担架抬进来的时候，大家纷纷起身移动椅子。

会议首先由博古作关于第五次反“围剿”的总结报告。他把第五次反“围剿”的失败，归之于敌人力量的强大等客观因素。周恩来就军事问题作副报告，指出第五次反“围剿”失败的主要原因，是军事领导的战略战术错误，并主动承担了责任，同时也批评了博古和李德。张闻天作反对“左”倾军事错误的“反报告”，比较系统地批评了博古、李德军事指挥上的错误。

发言时间最长的是毛泽东。毛泽东从中国共产党的宗旨到中国革命战争的特点，从《水浒传》到红色武装的游击战术，从“保守主义”“逃跑主义”到“拼命主义”，侃侃而谈、诙谐幽默。

最后，毛泽东的发言落在李德的军事指挥上，他说：“不考虑战士要走路、要吃饭、也要睡觉，也不问走的是山路、平原还是河道，只知道在地图上一画，限定时间打，当然打不好。”坐在房间门口的李德，无法理解那些中式幽默，但从大家的笑声中，他知道毛泽东的发言很受欢迎。伤口还在化脓的王稼祥，体温很高，但他还是挣扎着站起来发言，批评博古、李德的错误，支持毛泽东的正确意见，建议其参与军事指挥。

周恩来、朱德、刘少奇等多数与会同志相继发言，同意张闻天、毛泽东等人的意见。会议增选毛泽东为中央政治局常委，取消在长征前成立的“三人团”，决定仍由朱德、周恩来为军事指挥者，周恩来是党内委托的对于军事指挥下最后决心的负责者。

会后，在向云南扎西地区进军途中，决定由张闻天代替博古负中央总的责任，毛泽东为周恩来在军事指挥上的帮助者。1935 年 3 月中旬，在贵州鸭溪、苟坝一带，决定成立由毛泽东、周恩来、王稼祥组成的新“三人团”，周恩来为团长，负责全军的军事行动。

1935 年 2 月底，遵义会议结束后一个月，中央红军攻克遵义北部的天险——娄山关，赢得了中央红军长征以来的首次大捷。战斗结束后，毛泽东策马经过山隘，留下了气壮山河的诗句：“雄关漫道真如铁，而今迈步从头越。”

三、案例分析

1. 案例蕴含的思政元素

本案例的思政元素包括两部分：一是从历史中学习经验教训，二是诚信是会计人员的从业根本。

历史是最好的教科书，通过对史实的全面了解和正确分析，能够帮助学生形成对当代中国道路选择的理性认识和高度自信。遵义会议在党的历史上是一个重要的转折点，更正了前期党的领导上的错误，把党的路线转变到了马克思列宁主义的正确轨道上来，在最危急的关头挽救了党、挽救了红军、挽救了中国革命。对遵义会议的学习以及思考有助于理解企业及时更正重要的前期差错的必要性。

诚信是社会主义核心价值观的重要组成部分，是社会基本道德规范，更是财务会计人员的从业根本。通过对 KM 公司前期差错更正引发的舞弊事件这一案例的分析，可以帮助学生更好地理解诚信的重要性。会计人员需要提升自身的诚信道德水平，不忘初心，避免滥用前期差错更正甚至舞弊。

2. 启发思考题及分析

学习本案例以后，我们会提出以下思考题：

（1）结合 KM 公司前期会计差错更正事件，思考什么是前期会计差错？导致前期会计差错的原因是什么？

（2）结合遵义会议在党的历史上的重要地位，谈谈如何理解更正重要的前期差错？

（3）结合上述两个案例，思考如何理解前期差错更正与财务舞弊？

四、参考文献

[1] 杨玉莹，潘自强. 属于会计差错更正还是财务舞弊：基于安信信托的案例分析 [J]. 中国注册会计师，2019（10）：123-125.

［2］荔枝新闻.《百炼成钢：中国共产党的100年》第十四集 遵义会议［EB/OL］.（2021-04-12）［2021-08-08］. http://www.dswxyjy.org.cn/n1/2021/0412/c437209-32075832.html.

［3］康美药业案迎来大结局，普宁首富亟需一场治理大变革［EB/OL］.（2019-08-20）［2021-08-08］. https://baijiahao.baidu.com/s? id=1642344539420638354&wfr=spider&for=pc.

言必信，行必果

——从会计收益确认与计量的基本要求谈责任和诚信

朱章耀

一、案例概况

1. 案例针对对象

本案例针对对象为全校本科一年级学习大学科基础课程会计学的学生。

本案例适用章节为《会计学》（第九版，赵德武主编）第八章收入与利润。

2. 案例教学目标

通过学习该案例应达到以下目标：

知识目标：教师通过讲授会计收益确认与计量的基本要求，让学生理解收益确认与计量的逻辑和知识要点，并能认识到会计学对经济管理起到的作用和意义。

能力目标：培养学生归纳并提炼知识要点的能力、思辨能力、跳出思维定式的创新思维能力。

价值目标：习近平总书记在党的十九大报告中指出，推进诚信建设和志愿服务制度化，强化社会责任意识、规则意识和奉献意识。这不仅需要不断采取各类措施推进社会信用体系建设，还需要同时开展好诚信道德教育。高等教育作为培养社会专业人才的主要社会活动，更需要开展诚信教育与社会责任教育，将诚信道德观念和社会责任意识融入各类专业学科课程中，使诚实守信的品质与敢于担当的精神深入校园，最终为党和国家、为市场经济条件下各行各业输送具有正确价值观的、被人民和社会所需要的人才。

本案例的价值目标就在于尝试从会计理论中的收益确认与计量的基本要求出发，帮助学生从以下五个方面理解诚信与责任的重要性：第一，不管作为一个人、一家公司，还是一个国家，无信不立，只有“知信、用信、守信”，才能有效行使权利和承担责任，从而为党和国家做出贡献；第二，信任不是凭空建立的，是需要信用体系支撑的，而责任意识是信用体系建立的初衷；第三，责任和权利是相匹配的，只索取权利与自由而忽视与之相匹配的责任与义务是自私的，也是建立信用体系的最大阻碍；第四，权利的确认和责任的落实都需要做到实事求是，责任义务是通过实际行动的付出而不是口头承诺来履行的；第五，实际行动的付出也是有技巧的，只有授之以渔而不是授之以鱼的付出才更持久，也才更能起到奉献社会的作用，而这就需要学生加强专业知识的学习，从而做到授之以渔。

二、案例正文

大学科基础课程会计学是每一个财经类专业本科生最早接触的专业课之一。作为一门应用性学科，会计学课程为增加学生的经济管理知识做出了重要贡献。然而，利用会计学知识做假账从而欺骗社会资本来谋取私利的事件也屡有发生。因此，在课程中适时融入思政内容，为学生树立正确价值观、提高学生的责任意识就显得尤为重要。

本案例基于上述目的，通过《会计学》第七章中的理论讲授引导学生自主提炼出收益确认与计量的内涵和本质，并通过案例引申出五个人生启示，不仅能帮助学生更好地记牢知识点，也能为其人生道路指明方向。

基于此，本案例按照如下顺序推进：

1. 理论讲解收益确认与计量的基本要求

教师应帮助学生理解收益确认与计量的基本要求：合理划分收益性支出和资本性支出、遵循稳健性原则、遵循收入实现原则、遵循配比原则、贯彻权责发生制、注重实质重于形式原则。教师应逐条讲解每个要求的实质内容有哪些。例如，对于合理划分收益性支出和资本性支出的要求，教师首先指出两个类型的支出在定义上有何区别，说明收益性支出由当年的营业收入补偿，而资本性支出需先记作资产，通过计提折旧或摊销分年摊入各年成本费用。之后，教师需要进一步说明区分两类支出是为了正确计算各年损益和正确反映资产的价值。如果把收益性支出作为资本性支出，结果是少计了当期费用，虚增了利润，多计了资产价值；反之，则多计了当期费用，虚减了利润，少计了资产价值。

又如，对于遵循稳健性原则的要求，教师需要说明稳健性原则的定义，具体可以表现为对资产和收益的确认与计量，宁肯低估不能高估，宁肯推迟确认不宜提前确认，而对负债的确认和计量则变成了宁肯高估不能低估，宁肯提前确认不宜推迟确认；另外，对可能发生的费用和损失也应合理确认。

此外，教师还需要分别讲授其他四项基本要求的定义，比如在权责发生制部分可以对比权责发生制和收付实现制的区别等。在此不再一一举例。

本部分的讲解需要达到三个教学目标：其一，帮助学生理解和掌握收益确认与计量的基本要求有哪些；其二，帮助学生理解和掌握每个要求起到的作用有哪些；其三，帮助学生分析和理解每个要求有哪些优势和劣势。例如，对稳健性原则的分析可以通过举例的方式来说明其优点包括：第一，有利于进一步挤去资产和利润中的水分，能为会计信息使用者提供更加准确可靠的会计信息；第二，有利于做出准确的经营决策；第三，有利于保护债权人和小股东的利益；第四，由于收益更容易被低估，有利于企业近期少纳所得税，提高企业在市场上的竞争力。当然，稳健性原则的劣势也是显而易见的，比如增加了确认与计量的难度、容易造成计提被滥用等。

举例的内容可以根据时间进度来安排，类型多样，比如可以包括：计提应收账款的坏账准备、存货的成本与市价孰低计价法、存货的后进先出法发出假设、存货的跌价损失准备、固定资产的加速折旧法、长期资产的减值准备、研发支出的费用化处理方法等。

总之，本部分能为学生在微观层面上进行相关知识要点的梳理。

2. 总结提炼六个基本要求的内涵

通过分析，教师可以把六个基本要求归纳为四个问题：哪些收益能确认？什么时候确认收益？怎么确认收益？确认多少收益？其中，解决哪些收益能确认的问题是依据收入实现原则，什么时候确认收益是依据权责发生制原则，怎么确认收益是遵循配比原则、实质重于形式原则以及合理划分收益性支出和资本性支出，确认多少收益是参考稳健性原则。

因此，教师可以让学生对六个基本要求按以上逻辑线索进行排序，说明每个要求的重要性。

3. 挖掘六个基本要求的现实意义，引领学生树立诚信观与责任意识

（1）从收入实现原则和权责发生制原则看诚信观。通过提问，教师应让学生思考为什么需要六个基本要求，其核心价值是什么。为了让逻辑更加连贯，教师应首先分析收入实现原则和权责发生制原则。前者认为收入只有在已实现或可实现，并且已赚取的情况下才能确认；后者补充认为，收入是在已赚取的时间点而不是在收到或支付现金或现金等价物的时间点上确认其影响。换句话说，通过这两个原则来确认和计量收益是适用于通过赊销或通过信用来换取经营有利条件的企业的，这能帮助社会资本更好地确认该类公司的真实价值。具体来看，通过信用来交易的主体不会被现金或现金等价物限制其交易频率、交易时机和交易量，这有利于资源在经济活动中的有效配置，也有利于主体公司的健康发展。因此，这两个原则实则是在会计制度上，奖励或优待那些拥有良好信用的公司，因为有信用的公司能比没信用的公司在会计上更早地确认收入。

同样地，这两个原则也有漏洞。那就是对于那些通过欺骗小股东和债权人来攫取私利的公司来说，其也可以利用这两个原则来虚构不实的交易记录，从而来确认本不该确认的收益。这种财务舞弊也大量存在着，很多人把原因归结到权责发生制原则上，因为如果是实行收付实现制，舞弊的公司就不能在还未收到现金或现金等价物的时候确认大量收益。例如，在某公司的造假事件中，其就是通过虚构大量不存在的订单来虚增其收入近 21. 19 亿元（占对外披露收入的 41. 15%）和虚增成本费用 12. 11 亿元，达到虚增利润 9. 08 亿元的目的。

实际上，上述这种理解是不对的。对于一个充分市场化的环境来说，信任是前提，因此在会计上也需要充分相信会计主体在信用上的考验。就好比

注册制和核准制的区别一样，前者希望通过事后检验和法律的制裁来维持好市场效率与秩序，而后者是希望通过事先严格的筛选和限制来挑选出那些值得信任的公司进入市场。当下，我国已步入股票市场注册制的年代，也代表国家与社会对社会主义市场经济的信心。因此，对于一些财务造假案例来说，会计原则是没有错的，而事后处罚机制的完善才是督促公司诚信经营、诚信披露的有效保障。教师在这里也可以让学生思考“人性本善，还是人性本恶”的前提，你愿意相信哪一个，而市场经济更愿意相信大部分市场参与者是人性本善的！

教师应通过以上思辨过程，帮助学生认识到诚信和信任的作用，让学生认识到不管作为一个人、一家公司，还是一个国家，无信不立，只有知道何为信、善于使用信、懂得坚守信，才能有效地行使权利和担负责任。个人财富的经营和上市公司的财务经营一样，也可以建立属于个人的三个财务报表：资产负债表、利润表、现金流量表。很多人只关注利润表，不懂或忽视其他两个财务报表。资产负债表和现金流量表的经营，才是加速积累财富的能力的体现。因为这两个财务报表分别体现了个人的可支配信用的额度和信用的转化力度。

（2）从稳健性原则看责任意识。从前面的小结可以看到，诚信是市场有效运作的前提，彼此信任有利于公司发展，但是无条件信任是有风险的。因为一些无法避免的原因，失信也会发生，比如 2021 年 3 月发生的苏伊士运河搁浅事件，影响了很多依赖国际贸易活动的公司的运营，造成很多货物无法按时交付。因此，作为会计主体，在信任的前提下，责任意识更为重要。作为公司，其是需要为股东、为出资人的资金负责的，而不是任其暴露于可避免的风险之中。因此，稳健性原则为风险的发生提供缓冲地带，让人们提前为收入和资产的确认增加难度，从而在真正的风险发生之时，使财务受到的冲击能降到最低。这其实就是一种责任意识的体现。换一个角度来说，责任意识也是忧患意识的一种表现，只有知忧患才能感责任。自我的责任意识建立后，信用体系才能建立起来。就比如，教师相信学生能认真学习，学生也相信教师能教好课，而教好课是教师对学生的责任，学习好该课程也是学生对教师或对自己的责任。如果有一天学生在课堂上看手机，教师会相信学生是在用手机玩游戏或看视频呢？还是会相信学生是在用手机查相关资料呢？这就取决于学生的责任意识，如果教师认为学生是有责任感的，那么教师会无条件地继续相信学生会认真学习，用手机只是为了查学习资料。从这个简单的例子中，我们可以看到，责任和持续的信任是不可分离的。由此可见，信任不是凭空建立的，也不是一直都存在的，而是需要信用体系做支撑的，责任意识能为信用体系的完善提供持续动力。

（3）从匹配原则看权利与实际行动的关系。匹配原则，即收入和费用配比原则，指收入与其相关的成本、费用应相互配合，在同一会计期间确认入账，既不能推迟，也不能提前，以便合理计算各期损益。如果把收入看成一个人权利的获得，费用则是为获得权利的付出，那么收入与费用的匹配就类似于权利收获与实际投入的匹配。就好比种瓜得瓜，种豆得豆，没有付出，就没有收获。

同样地，责任和权利也是相匹配的，只索取权利和自由而忽视与之相匹配的责任与义务是自私的，无所顾忌的自私并不是有效管理市场的无形大手，而是建立信用体系的最大阻碍。

（4）从实质重于形式原则看权利的确认和责任的落实。实质重于形式原则是指会计要如实反映交易或事项的本来面目，确认、计量、记录和披露过程必须考虑该项交易或事项的经济实质和客观现实，而不应仅仅根据其法律形式或人为外表来进行核算或反映责任义务。同样地，个人对责任的落实也应反映其真实情况，做到实事求是。所有确认、计量、记录和披露都依据是否有实际行动的付出，而口头承诺是无法用来兑现的。

坚持实事求是一直是中国共产党的思想路线，共产党人用实际行动为人民服务的初心也不曾改变。特别是在第一个百年奋斗目标的实现上，中国共产党在全面建成小康社会上取得伟大的历史性成就，用实际行动完成了党对人民的庄严承诺。

（5）从合理划分收入性支出和资本性支出看“行必果”和“行有效”。前面的学习让学生认识到责任和诚信是立身之本，而做到实事求是，用实际行动去付出、去奉献才是落实责任、坚守诚信的根本。

实际行动的付出也是有技巧和方法的。对于会计来说，合理划分收入性支出和资本性支出就是确认与计量收益的有效方法。通过定义，我们可以知道，收入性支出是一次性的，而资本性支出是一劳永逸式的，该类支出可以形成企业的生产经营能力从而持续输出价值。对于付出也需要去区分哪些是长期的，而哪些只是短期见效的。我们常听说一句话：“授人以鱼，不如授人以渔。”我们为社会做贡献也需要“授人以渔”式地付出。这种付出就更需要学生加强专业知识的学习，因为只有通过专业知识的学习，才能将专业技巧带入社会，为社会持续提供价值。

三、案例分析

1. 案例蕴含的思政元素

本案例的思政元素就在于既讲授专业的理论知识，又结合理论知识帮助学生树立正确的诚信观，增强学生的社会责任意识。

学生理解了本案例后，既可以加深对于理论知识的理解，又可以增强党性意识，换一个角度了解成为一名优秀的会计人员和一名合格的共产党员需要具备的品质与能力，而这些品质与能力都是要不断学习的。

2. 启发思考题及分析

学习本案例以后，我们会提出以下思考题：

（1）通过该案例的学习，您是否有信心学好这门课程？要学好这门课程您认为需要具备什么能力或素质？

（2）某公司上一年为了上市，承诺某投资公司在下一个财务年度实现1亿元的净利润，但离承诺截止日期仅剩3个月时，离目标还很远。为了实现承诺，该公司首席执行官决定进行财务造假。请问：在此案例中责任和信用哪一个更重要？